「康生も、人間だった…」

アテネオリンピック100kg級4回戦、対バンデギースト。敗北の瞬間、呆然とする井上康生。すぐに立ち上がることは難しかった。この表情には、人間が生きている証としての、現実がもたらす悲しみと屈辱感があふれている。明は敗北を受けて「康生も、人間だった…」とつぶやいた

写真：フォート・キシモト

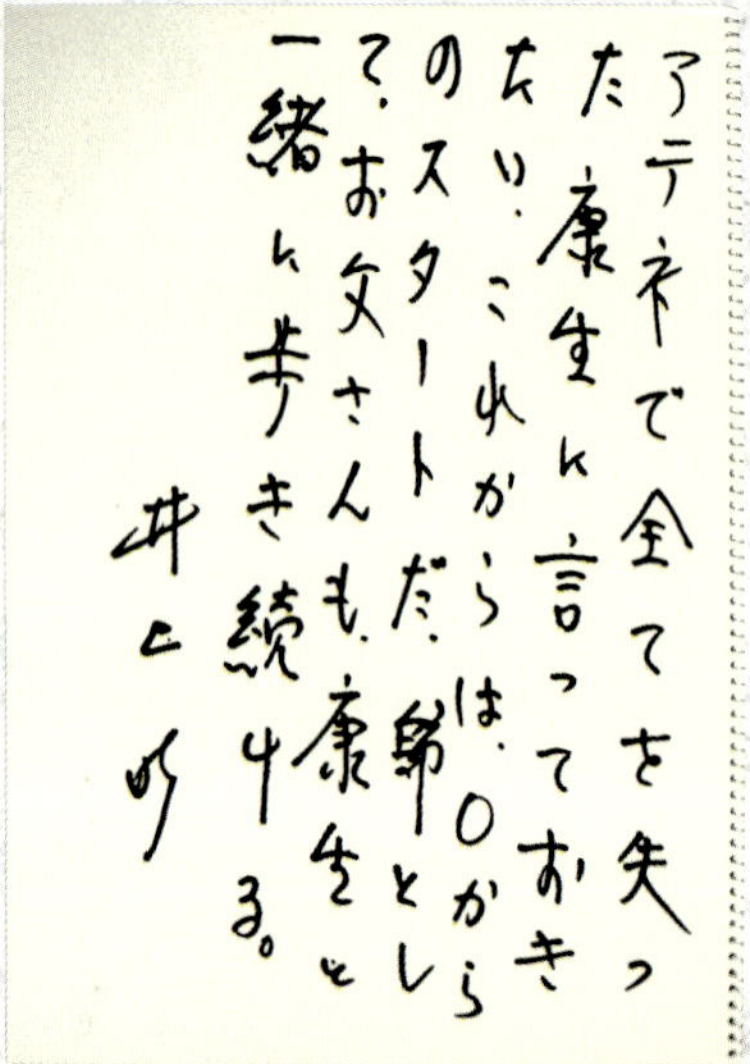
アテネで全てを失った。康生に言っておきたい。これからは、0からのスタートだ。弟として。お父さんも、康生と一緒に歩き続ける。
井上明

決戦の日の夜に送った、息子・康生へ向けた父明の手紙。震えながら書いたようで、本書中にあるアテネに向けて康生に送った手紙と比べると、敗北の悔しさが文字にも現れている。「アテネで全てを失った」康生と明の前には、どのような道が待ち受けているのだろうか

井上明（左）は、今回の敗北を受けて「誰よりも自分が康生に対しプレッシャーを与えたのではないか」と自らを責めた。そして帰国後、二週間もの間、ベッドから立ち上がることができなかったという。そんな明に、立ち直るきっかけを与えてくれたのが、康生からの手紙だった…

井上康生が負けた日

北京へ向けた0からのスタート

柳川悠二　著

目次

二章　兄たちの力と家族の絆

三章　２００４年９月　あの日から一ヶ月

装幀／浅田　博

序章
井上康生が負けた日

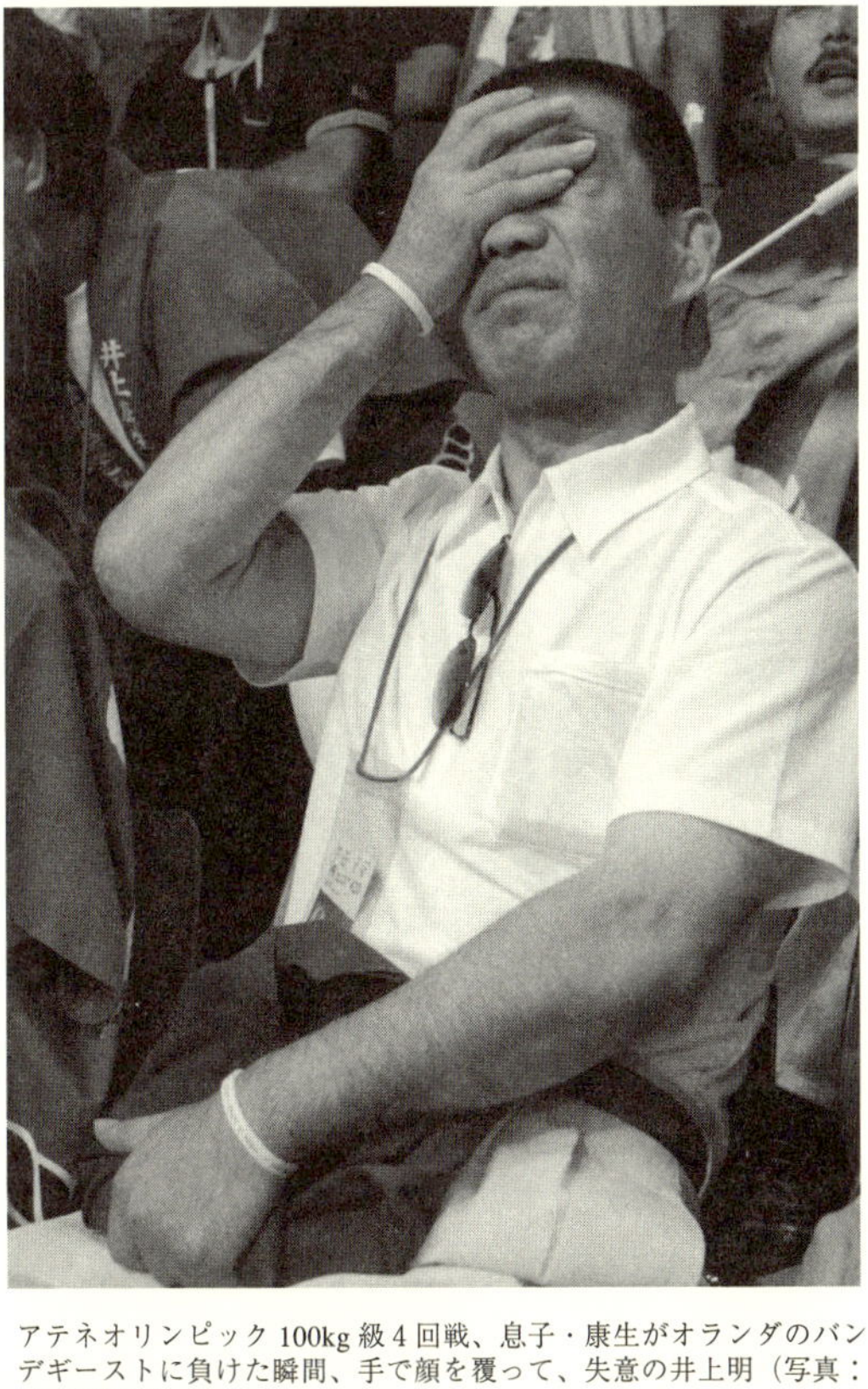

アテネオリンピック 100kg 級 4 回戦、息子・康生がオランダのバンデギーストに負けた瞬間、手で顔を覆って、失意の井上明（写真：共同通信社）

康生と明のアテネオリンピック

人は数時間で、いやたった一瞬で、これほどまで小さくなってしまうのか。それを痛感した一日だった。

あの日、井上康生が負けた日、朝から井上明は真っ青に澄みきったアテネの空の下、表情も晴れやかで、冗談を言いながら大応援団と談笑する、そんな時間を過ごしていた。

家族の夢が結実する、その歓喜の瞬間を、ただ待ち望むばかりだった。アテネオリンピックという大舞台で、井上康生が負けた。そして、その父・明は小さくなった——。

明の表情に、喜怒哀楽の色が消えたのは、1回戦の終了時からである。これまで見たこともない息子の疲弊した表情と不甲斐ない柔道。

「これでは駄目だ」という懸念と「それでも必ずやってくれる」という期待。

いく。

そして信頼。その二つの心理が交錯しているのか、明は表情をしだいに消して

「これまでどんなプレッシャーも跳ね返してきた康生なら……」

しかし、試合を重ねるたび、懸念の気持ちが強くなった。試合の合間に求められるコメントには、首を傾《かし》げながら「康生の柔道じゃない」という言葉をしきりに選んでいた。

4回戦、対バンデギースト（オランダ）。敗北の瞬間は、静かにやって来た。

いざ試合となると、明は残り時間が一秒となるまで康生の勝利を信じた。試合中、康生に対して疑いの目を向けることは、自らの教えを否定することである。康生が師と仰いでくれるからには、明も一緒になって戦っているのである。大声援をおくる大応援団の中央で、明は長男・将明と、今も天国から康生を見守っている亡き妻・和子とともに無言で試合を見守った。

康生が、背負い投げで投げられた瞬間、大きくアリーナの天井を見上げ、将明の方を向き、何かつぶやいた明。その表情は弱々しく、無念という他ない表

情だった。静かに、そっと和子の遺影をしまって、手で顔を覆《おお》った。涙は見せなかった。手で顔を覆うことによって、今にも溢《あふ》れんばかりの涙をこらえたように見えた。

なぜ勝利を絶対的に見込まれていた王者・康生はあのように負けてしまったのであろうか。

康生の柔道を知る者ならば、いやたった一度でも康生の試合を見たことがある者ならば、この試合の敗因が、戦った相手の強さではなく、康生自身の中にあることは明らかだった。絶対的な王者であるはずの康生が、自分に負けた。

それが明には悔しかった。

康生と明、この二人にとってアテネオリンピックとはいったい何だったのであろうか。

康生の敗因

敗者は、多くを語ることが許されない。

それが、日本のお家芸である柔道の、しかも金メダル確実とまで言われた選手であれば、なおさらのことである。

康生は、屈辱にじっと耐え、柔道選手団が帰国の途についても、ひとりアテネに残り、主将として、日本選手団の応援につとめた。みずから、敗因を語ることは当然のごとく、ない。

私は知りたかった。康生はなぜ負けたのか、を。

アテネからの帰国後、私が、康生の側近くにいて彼から信頼される人々から聞いた話では、康生は彼らにさえも、自身の負けた理由について語ることはしないという。それが戦う柔道家の姿というものなのだ。

真実を知るは康生のみ、なのだろうか……。

私は取材者としてシドニーで金メダルを獲った歓喜の瞬間と、アテネで無惨にも敗れ去った絶望の瞬間に、井上康生の父である明と時間を共にすることができた。

そして、この4年間、明の取材をしてきて痛感するのは、井上明という人間の魅力が、見事、息子である井上康生に投影されているということである。いや、康生が明のもとを離れ、世界の舞台に立つようになってからは、むしろ康生という人間の魅力が、父である明に投影されているのかもしれない。

単純に、親子、あるいは師弟という言葉だけでは説明できない絆が二人の間にはある。康生が栄光を手にした時には同等の栄光を明も手にし、康生が苦しんでいる時は、遠く離れた宮崎の地にいても、明は同じ苦しみを味わっている。言葉はなくとも、相通じる不思議な関係が、そこにはある。

今回のアテネオリンピックに臨むにあたって、6月の壮行会、8月の延岡最終合宿、そしてアテネと、私は明に密着し、金メダルという栄光を、明が康生と共に手にするまでの瞬間、瞬間を追おうとしていた。

しかし、その、明と康生の夢は潰《つい》えた。

私は、明の葛藤が、柔道家である井上康生の葛藤でもあると信じた。そして、康生が語ることのできない敗因は、明を通じて知ることができるのではないかと考え、敗北の瞬間から後も取材を続けた。

この旅で、一番、私が印象に残ったシーンは、敗北をうけて、会場からホテルへ戻る途中の、バスの中でみせた明の表情である。窓際に座った明は、ずっと、ずっとアテネ市街を眺め、時折眼を閉じ、何か考えていた。肩が大きく落ち、全身の力が抜けてしまっているようだった。誰かが気をきかせて声をかけようものなら、無理な笑顔で応対した。自らの存在を、現実の隅っこに追いやるように、小さくなっていた。

「康生も、人間だった」

それが敗北直後、明の第一声であった。そして康生が負けたのは、自分がプレッシャーを与えてしまったからではないかと、自らを責めているようだった。

果たしてそれは真実なのか。康生の敗北には、師であり父である明の存在が作用したのか。

この疑問を解決するために、私は康生本人、そして明の姿や行動を振り返ると共に、アテネから帰国して後《のち》、再び明を訪ね、康生がなぜ負けたのかということの真相を探し出そうとしたのである。

私も、多くの人同様に、井上康生という柔道家に惚れるひとりである。

これまでプレッシャーを逆に力にしてきたはずの康生であった。

あの日、井上康生が負けた日に、いったい何が起こっていたのか。

負けたことによって見えてきた、康生の人間的な弱さ。

それはまた、栄光を手にした時にはわかり得ない、康生と明の魅力的な側面でもある。

第一章 誰もが信じた康生の金メダル

アテネオリンピック 100kg 級 4 回戦、オランダのバンデギーストに対しポイントをリードされた井上康生は、残り時間 14 秒、前に進み出たところに背負い投げをあわされ宙を舞い、二連覇の夢は潰えた（写真／共同通信）

8月5日〜9日　延岡合宿

師弟の絆

アテネオリンピックへ向けた最終調整の合宿場所は、井上康生が5歳の時に柔道を志した地である宮崎県延岡《のべおか》市の、旭化成柔道場で行うことになった。

アテネでの敗因を探る上で、私はまず、この延岡合宿で見た康生、そして明の姿を思い返してみた。そこに何かしら敗北の予兆は見られたのか。

当初、この最終合宿は東京で行われる予定だったが、全日本レベルの学生たちの合宿が当地で行われていることもあり、康生自身が全日本柔道連盟に願い出て実現した合宿であったという。参加したのは、後発隊としてアテネに乗り込む、90kg級の泉浩と100kg級の康生、そして100kg超級の鈴木桂治の

3人である。

常々、「初心に戻る」と口にする康生であるが、この段階に至って、彼が技術面だけでなく、精神面においても原点へと戻るために、この地を選んだことは容易に想像できた。私には、試合に向けて自分の気持ちを高めていく、そのための何かしらの材料を延岡に探しに来たように感じられた。

明も、6日から4日間、自宅から車で2時間ほどの延岡まで、長男の将明とその妻恵美、そして康生が自らを「叔父バカ」と言うほど可愛がる孫の美優とともに通い詰めた。

今回の最終合宿で、何より康生は、柔道の師である明に、オリンピックに向けての仕上がり状況を確認してほしかった。

実はこれより1ヶ月前の7月、明は東京の警視庁での練習を見る機会があったという。

その際のことである。帰り道、

「今日の俺の柔道はどうだった？」

と訊ねた康生に対して明は、

「お前の今のウィークポイントは、無理に相手の奥襟を取りにいこうとする時だ。膝の怪我の影響からかもしれないが、上体だけでなんとかしようとしすぎている。もっと、足技を使って横移動し、相手を崩してから襟を取りなさい。今のように飛び跳ねるように奥襟を取りにいけば、それによってふところが空き、背負い投げのような担ぎ技をあわせられる。それが一番心配だ。

さらに内股のキレが今ひとつだ。腰がうまく回転していないじゃないか。組み手を取らせない相手に対して、取ろうとすることに固執するがゆえに、上半身が相手に密着している。それはお父さんの内股ではない。一度相手を引き離し、空間を作り、その空間を利用して腰を回転させて投げるんだ。もう一度、内股をかけるタイミングというものを思い返してみろ」

と指摘している。

康生も「なんかおかしいんだよね」と語り、どんな柔道のコーチも指摘しなかった、いや気づかなかった康生の柔道の乱れを、たった一回の練習を視察しただけで指摘した師・明に、改めて感服したというのである。

康生の内股は、芸術的ですらある。

相手と組み合う。一瞬の隙をついて、相手を釣り上げ、腰を回転させて、全身をバネのように使って相手が放物線を描くように投げる。

目にした者は見惚れ、対戦相手には「康生、恐るべし」を痛感させるほどの技である。

同郷である私が初めて見た、康生が小学校5年生の頃の内股は、今でもはっきりと思い出すことができる。当時からすでに「山下（泰裕）二世」などと形容されていた康生は、まるで自分だけが別次元にいるように、あっけなく同年代の少年たちを投げ飛ばしていた。

あの頃の私には、彼の内股に対し同じ柔道家として勝負を挑みたいというよりも、一度、その内股で「投げられてみたい」と思わせるほどの技であった。だからこそ、今も脳裏に焼きついている。

順調に成長し、舞台を世界に移してからも、その内股という技は、あの頃となんら変わっていない。「一度、投げられてみたい」と私が思ったように、戦う世界の柔道家にとって、「康生恐るべし」を痛感させるほどの技である。もはや井上康生＝内股というイメージは、世界中に知れ渡っている。芸術品と言うべき、全身をバネのようにして相手を投げる康生の内股は、シドニーの決勝や、2003年の全日本選手権決勝でライバル・鈴木桂治を投げた時にも見られた。

そしてこの技は、康生自らも公言しているように、幼少の頃から繰り返し、繰り返し教わってきた、父・井上明の内股なのである。

だからこそ、明はアテネに向けた最後の手紙の中で、

「世界の柔道家が最も恐れ、そして康生自身が最も得意技とする内股をアテネの闘いの場でも存分に見せてもらいたいものだ」

と伝えている。

康生はそれを真に受け止めすぎたのではないか。

アテネでの試合は、内股に固執するかのような康生が見られた。無理な体勢

から内股を仕掛け、それを返されてポイントを奪われたりした。

これもまた、敗因の一つとしてはあげられるだろう。

それは後に詳しく述べるとして、とかく康生は、体面だけで、明を師として位置づけているのではない。まさしく、康生にとって明は、今もって師なのである。

プライベートの時間では父親に冗談も言い、ふざけ合うこともある康生だが、こと柔道に関しては絶対の存在であり、それは生涯変わることはないだろう。明にも「康生には俺しかいない」という師としての思いが、強くある。

私には、二人がアテネに向けて、師弟として最後の確認作業を、この延岡の地で行ったように感じられたのである。

東海大相模高校時代から康生を応援し、また康生も「東京の父親」のように慕う兼松辰保から、二人の興味深いエピソードを聞いたことがある。

あれは、東海大相模高校柔道部の送別会の時である。挨拶に立った康生が「私の恩師は井上明です」と語ったという。それを聞いた明は「兼松さん、聞いたか？　康生が私を恩師と言ってくれた」と涙を流しながら語り、兼松もその時ほど明の喜んだ表情を、これまで見たことがないという。

親子の夢をオリンピックの金メダルに定めてからというもの、特に明は、康生に対して常に師として接してきた。厳しく、あらゆることに妥協を許さなかった。まだ小学生の康生に対して、お父さんとは呼ばせず、「先生」と呼ばせてきた。人間として成長させるために、親元から離して東海大相模高校へと柔道留学をさせた。その時に送り出した言葉は「康生、柔道バカにだけはなるな」であった。

父として願った柔道家の姿に息子・康生は育ってくれたが、そんな康生が今なお師として位置づけてくれていることに、明は嬉しさがこみ上げてきたのだろう。

「初心」～1999年へと～

繰り返すが、康生はアテネに入るまでマスコミの前でも常々「初心に戻る」と公言してきた。私が明から聞いた話では、それを明自身が確認できたのは、6月に行った福岡での合宿だったという。康生は、シドニーオリンピックの際の担当コーチであった福岡大学柔道部監督・高野裕光のもとで、嘔吐《おうと》しながら、全身を痙攣《けいれん》させるほどの厳しい練習を行っていたという。それは、思わず明も目を背《そむ》けたくなるほどだった。

そして練習を終えると二人が何かのビデオを観ているのである。

明は、シドニーオリンピックのビデオではと思ったが、違った。

1999年のバーミンガム世界選手権のビデオだった。

なぜ世界選手権なのかと、康生に問いかけると、

「あの中に僕の原点があるんだ」

と答えたという。

1999年と言えば、最愛の母・和子が亡くなった年である。

康生は母の姿が見えないだけで、おろおろしてしまう子供だった。高校生になっても、いざ大事な試合を迎えると、和子の体の一部を触ってからでしか出場できないほど、母を愛し、頼り、精神的な支えとしていた。

その康生が世界の舞台で戦える柔道家となったのは、皮肉にも母の死がきっかけだった。愛情で包み込み、康生のすべてをかばい込んでくれてきた母の死で、康生は自分一人で生きていかなければならないことを知った。

亡くなった母のために、自分がどうあるべきか。

「お母さんに、金メダルをプレゼントするんだ」

直後開催された世界選手権の頃は、まさしく柔道に、そして勝負にひたむきに、がむしゃらに向かっていった。

その気持ちが今の自分にあるのか。

今や康生は、日本選手団の主将であり、日本柔道のエースとして期待される存在である。だが、それだけに絶対に勝たなければいけないというプレッシャーが康生を襲う。それが、自分の頭の中を巡り、それが自分の「ひたむきで、がむしゃらな」柔道を妨げていないか。

康生自ら、第三者的な視点で、高野とともに、5年前の自分を見ていた。するとあの頃の記憶が心に、そして体中に甦ってきた。

おそらく、その時の康生は、母が遺書のように遺した手紙に綴られていた「初心」という言葉を思い出していたのだろう。

康生にとってなによりもの言葉

話は延岡合宿に戻る。

康生は、練習の合間をぬって、高校時代からの親友の池田高士とともに、最初に柔道を志した延岡警察少年柔道クラブの岡本龍が、現在経営している飲食店へと足を運んだ。また、通っていた幼稚園を突然訪ねたりもした。すると当時の園長先生が、ちょうど康生の入園の願書を見つけだしたところで、この不思議な偶然に園長も驚いたという。康生にしてみればアテネに向けてひたむきさ、がむしゃらさを取り戻していくための材料の一つに、原点となる延岡で、少年時代にお世話になった彼らに、出発の報告をすることもあったのかもしれない。

最終日、旭化成柔道場からホテルへ車で戻ろうかという時である。康生が明に、

「ちょっとお父さんと柔道の話がしたい」

と語りかけてきた。

明と柔道の話をする時、康生は必ず二人きりの状況を作るという。今回も、長男の将明がアテネへの出発の準備で疲れて車の中で眠っている状況だった。

明は、この最終合宿を見て、技術的に康生に指摘することは、既に何もなかった。警視庁の練習で指摘した、足技の重要性や内股のキレを、懸命に克服しようとしている康生がいたからである。

明には、康生の仕上がりが完璧に見えたのである。

延岡に入る直前の山梨での練習中に負った左手人差指の怪我はあったが、影響はないと明は感じていた。そもそも、オリンピックに出場しようという選手の中で、怪我の全くない選手なんかいるはずもない。もしそういう選手がいるのなら、自らを追い込んでいない柔道家だとさえ考えていた。

「この最終段階において、何か康生君に声をかけるとしたら……」

延岡合宿の最中、私が、そう訊ねると、

「オリンピックという大舞台を控える中で、もはや康生に指摘することは、実感として全くない。４月の大怪我の状況から、よくぞ回復した。もう何も言うことはない」

と答えた明。

この康生の状態であれば、決して負けることはない。

それが明の本心だった。あえてそのまま康生に伝えることで、康生に自信を植え付けようとした。

康生にとっても、それがなによりもの言葉だったに違いない。

確かに、この最終合宿における康生の仕上がり状況というものは、師であり、父である明自身の目にも、あるいはトレーナーをつとめる池田高士の目にも、万全に思えた。

私は、本当に康生は万全なのか、目を凝らしながら練習を見つめた。康生がみせるさりげない仕草にも「もしかしたら他にも怪我をしているんじゃないか」と疑った。

しかし。

勝負の世界に「絶対」がないことぐらい、重々《じゅうじゅう》承知しているつもりだが、私の目の前にいる柔道家の勝利というものは、限りなく「絶対」に近く感じられたのであった。

最後の追い込み段階で、やや頬《ほお》がこけたその表情は、まさしく大舞台に臨む戦士のよう。

10日後の敗北を、この時点で誰が想像できようか。

6 月 27 日に宮崎市で開催された壮行会には、1000 人を超える人々が駆けつけた。写真右は同じ 100kg 級を戦う兄・智和

最終合宿となった延岡合宿での練習風景

延岡合宿にてトレーナーの池田高士（株式会社グローバルスポーツ医学研究所／写真右）に、怪我をした左手指のテーピングを施してもらう康生

延岡合宿にかけつけた、康生自ら「叔父バカ」と言うほど可愛がる姪っ子の美優ちゃんと。
緊張感が最高潮に高まる時期に、心休まる瞬間だった

8月18日　試合前日

いざ、アテネ入り

「宮崎の方が暑いわぁ」

午後4時すぎ、空港に降り立った明は、アテネの日差しとエーゲ海からそそがれる風を受けて、宮崎なまりでそう語った。温度計が示す値は高くとも、ギリシャ・アテネより南国・宮崎の方が湿気もあって蒸し暑い。

加えて、数日前からアテネに入っていた私が、明に試合会場となるアノリオシアホールに冷房が完備されていることを伝えると、一つ、マイナス材料になるかもしれないと懸念していた「暑さ」に対する不安が消えてホッとしているようだった。

今回、井上康生応援団は、2000年に脳梗塞《のうこうそく》を患《わずら》っている明の体調を考慮して、長時間のフライトを避け、イタリア・ミラノでの観光を挟んでアテネ入りした。シドニーオリンピックの時には、機内の通路で横にならざるを得ないほどの体調であった明である。そして、アテネでの応援をひかえた今回、そのシドニーの時に比べても体調の点では、4年前の方が良いぐらいだという。手足のしびれもかなり残るという状況であった。あらゆることにおいて、弱気な発言をしない明も、自らの病状への不安だけは、6月の壮行会の時点で口にしていた。

それだけに、アテネに着いた時の明の元気そうな表情を見て、私も安心したものである。今回のオリンピック競技観戦は、8月19日（木）、康生の試合のみ。

「他の人の試合を見ると興奮して体が力んでしまうんですよ」

康生にはじまり、康生に終わる一日に

夜、応援団がアテネ中心部のシンタグマ広場近くにある中華料理屋で食事をしていると、嬉しいニュースが飛び込んできた。兄である智和が、明日の試合当日も付き人をつとめることになったのだ。

テロ対策もあって、厳重警備の試合場には、ごく限られた選手・コーチしか入ることが許されない。通常は、前日に出場した選手が打ち込みなどの練習パートナーをつとめるのだが、この日出場した90kg級の泉が決勝で脇腹を負傷したことにより、智和にその役目が回ってきたというのである。

試合当日の打ち込みなどの相手をしたり、戦う直前の選手をコーチとともに励ましたりする役目を、康生のことを最も理解している智和がつとめることになったのだ。

常日頃から、智和が側にいて、くだらない冗談を言ってくれるだけで、落ち

着いて試合に臨めると語っていた康生である。これ以上のサポーターはいない。優勝したシドニーの時も、大阪世界選手権の時も、付き人をつとめたのは、智和だった。試合を翌日に控えた康生にとっては、何よりもの朗報であり、明たちにしてみれば、願ってもない展開となった。

そして、組み合わせも決まり、康生は第一試合から登場することが発表になっていた。前年の大阪世界選手権チャンピオンで、シード選手であるはずの康生が、なぜか他の選手より一試合多く戦わなければならないという不利な組み合わせだった。

だが、それも明は不思議な巡り合わせとして前向きにとらえた。

その日の最初の試合に登場し、そして最終試合となる男子100kg級の決勝で勝利することができれば、この日はまさに「康生にはじまり、康生に終わる一日」となる。

「自然と、こういう道ができあがる運命に康生はあるんですよ」

明にしてみれば「康生恐るべし」を世界中にふたたび示すことができると、

むしろこの不利な条件を歓迎したのである。

私にも、8月19日という日が、まさに康生のために用意された舞台であるかのように感じられた。

最終合宿を、康生自身が全日本柔道連盟に願い出て、柔道を志した地である宮崎県延岡市で行うことができたのも、明にそう感じさせる要因であった。その際に、明の知らないところで、康生が5歳で柔道を始めた時の指導者であった岡本龍や当時通っていた幼稚園の園長先生を訪ねたという話を聞いて、康生がアテネに臨むにあたって常々「初心に戻る」と言い続けた、その真意も確認することができた。6月に福岡合宿、そして7月に東京の警視庁での練習に立ち会い、明自身が康生の柔道の最終チェックができたことも大きかったに違いない。

加えて、福岡での全日本体重別選手権や最終予選となった全日本選手権で康生を苦しめた膝の怪我も、ほぼ100％に回復していた。確かに、指の怪我は直前に負っていたが、オリンピックに臨む選手で、怪我のない選手などほとんどいないだろう。体調面でも、不安が消えた。

そして前日となって智和が練習パートナーをつとめることになったのである。

「すべてが万全ですね」

私がそう言うと、

「自然の流れの中で、一歩一歩、康生が金メダルに向かって進んでいる。その実感が非常に強いんです」

自信みなぎる表情で明は語った。

1時間30分もの前日練習

康生がシドニーオリンピックで金メダルを獲った日の、三日前の事である。日本選手団の秘密の練習場で康生は、篠原信一と真剣勝負を行ったという。二人の戦いには、日本選手団が動きを止めて、注目した。前年のバーミンガム世界選手権で１００kg超級と無差別級の二階級制覇を達成した篠原と１００kg級のチャンピオンであった康生。二人の気迫が、会場を包み込んだのである。

その時、3回の勝負を行い、3回とも康生が篠原を投げたという。

シドニーで康生が優勝した日の夜、私が池田からこの話を聞かされた時は驚いたものだ。当時、篠原信一は、まさしく世界一の男であったからである。

康生の強さを、ここでとりたてて言いたいのではない。篠原の調整状況・方法もあっただろう。とかく康生は、大事な試合の直前であっても、自らを追い込み、当日を迎えるのだ。

今回もそうだった。前日にも関わらず1時間30分ものハードな練習を行ったというのである。夕食を終えると、康生の東海大相模高校からの親友で、現在は株式会社グローバルスポーツ医学研究所でトレーナーをつとめる池田高士が、明のために今日の練習風景をおさめたビデオカメラをもってホテルにやって来たのである。

多くの選手は、前日ともなれば調整にあて、ストレッチや軽い打ち込みで練習を終える。疲労を残さないためだ。アテネが終わって、「オーバーワーク症候群」こそが康生の敗因と言う関係者が多かったのも、前日練習などの様子を見てのことかもしれないが、康生は、常に、それが世界大会であろうと、国内の大会であろうと、前日まで自分を追い込んで試合に臨んできた。

「世界チャンピオンである自分が、世界一の練習をして負けるはずがない」

康生は、普段からの練習を自らの支え、そして自信として大会に臨む選手なのである。

そしてビデオには、7月の警視庁の練習から明が言い続けていた、足技の練習を必死に行う康生がいた。丸坊主の康生と、同じくアテネで坊主にした東海大学柔道部監督の中西英敏やシドニーで康生の担当コーチであった高野裕光が、結束を深める、決戦前日の決起集会を開いているようでもあった。

「声も出ていて、康生、絶好調っすよ。過去最強と言ってもいいほど」

康生の調子の「善し悪し」は、声に現れるという。康生を一番よく知る池田の言葉で、すぐに明はビデオを観ることをやめた。短い時間だったが、その映像から康生の気迫が十分に伝わってきたからである。

アテネの代表が決まってから明は、池田に康生の怪我の状況を逐一報告してくれるように頼んでいた。当初、康生の膝の怪我は、明に心配をかけたくないという康生自身の一心で、明にはひた隠しにされていたのである。もちろん、智和も父親である明に悟られないように、多くを語らなかった。

そういう康生、そして智和の気持ちを理解している明は、あえて二人に怪我の状態を聞こうとせず、康生たちの側でトレーナーをつとめてくれている池田を頼ったのである。全日本選手権の後に、

「池ちゃん、康生の膝の怪我を9割まで持っていってくれ。1割だけなら康生も精神力でカバーできる」

とお願いしたこともあった。

池田も、自らの仕事を終えた後などに、康生の自宅に行き、マッサージを施したりして、できる限りのサポートを心がけてくれたのである。

明の期待を受けて、9割どころか100％の体調にまで仕上げてくれた池田に、明は感謝の言葉を述べた。

「もはや、試合までのこの一分一秒で、いかに心、戦う闘志、集中力を高めていくかしかないな」

明は、おそらく既に床に就いているであろう、康生を想った。

金メダルラッシュを力に⁉

この日、日本勢は上野雅恵が女子70kg級で金メダルを獲得し、男子90kg級では泉浩が銀メダル。既に前回のシドニー大会でのメダル数は越え、金メダルを男子が2つ、女子が3つ、獲得している。

「おい、康生。お父さんも日本柔道界が一つでも多くの金メダルを獲って躍進することを願っている。しかし、いくら金メダルを獲っても、その中にお前の金メダルがなかったらその価値は半減するんだぞ」

アテネに臨む息子に最後に送った言葉である。

マスコミや観客は、この金メダルラッシュを「追い風」と表現する。しかし、戦う当の本人にしてみれば、

「俺も頑張らなければ」

それがプレッシャーとなる。しかも今回の康生は日本選手団の主将でもある。

前日まで金メダルが男女あわせて3個だったシドニーでは、逆の立場だった。

「俺がやらなければ」

と、その時は、プレッシャーを前向きにとらえ、力にできた。

しかし、今回の康生は、大会2日目の内柴正人の金メダルを会場で見届け、表彰台にあがる姿を見て、池田に「俺も緊張してきた」と語ったという。決してマスコミの前では口にしない、素の康生の言葉であろう。

明が池田の持ってきたビデオを観終わった頃、智和から電話が鳴った。

「今日の康生は、打ち込みをしていても体のあたり方が違った。大丈夫」

優しい智和なら、どんな状況に康生があってもそう言うかもしれない。しかし、この時の智和はそういう配慮からこの言葉を言ったのではないだろう。

そして、明はその智和に「気合い入れていけ」とだけ、明朝に康生へ伝えるよう頼んだ。

康生が、ひとり眠れない夜

康生は、マスコミの前で常に「金メダルを獲る」と公言してきた。明も同じように答えてきた。だからこそ、

「そう公言したからには、万が一期待に応えられなかった場合には、親である私も、一緒になって大恥を味わう、そんな思いです。ただ勝負の世界というのは、相手も死にものぐるいで来るわけですから何が起こるか分からない。いくら調子が良くとも、運・不運も当然ある」

明にしてみれば、シドニーオリンピックは勢いで獲得した金メダルだった。それ故に、今回のアテネこそは、「井上康生という柔道家の真価が問われる大会だ」と表現してきた。

ならば、シドニーとアテネの間に、康生が最も成長した点はどういったところにあるのだろうか。

試合前日のこの夜、康生からの電話がなかった。

これまでどんな試合であっても、前日には必ず明に電話をしてくるのが恒例となっていた。その康生がこの夜電話をしてこなかった。

しかし、これはまさしく康生の自信のあらわれだ、とこの時の明は嬉しく思った。これこそこの4年の日々で康生が蓄積してきたものである。

いい意味で父から一人の柔道家として自立し、世界チャンピオンとしての風格が、表情に、言葉に、そして行動にあらわれているのである。

二人が最後に会話を交わしたのは、康生が延岡合宿を終えた8月9日である。もう10日も会話をしていないことになるが、明は智和や池田から伝え聞くだけで、あるいはテレビのインタビューの様子を見るだけで、シドニーからの康生の成長をうかがい知ることができたのである。

「今日は眠れますか?」

「今日は気持ちよく眠れそうだ」

明は康生の金メダルの確信をもって、決戦の日を迎えることができた。私には自室へと戻る明の足取りも軽く見えた。

もう時計の針は24時をまわり、日付も19日となっている。

まさか、この電話がないという康生の行動が、康生自身の不安のあらわれだとは誰も思えなかった。

その頃、康生はひとり眠れない夜を過ごしていたのである。

明の小さな、小さな懸念

明にも、全く懸念材料がなかったわけではない。しかし、それは99％の確信に対し、残りのわずか1％、そのぐらいの、ちっぽけなものだった。

懸念の一つは、康生の置かれた立場から受ける、プレッシャーである。

金メダルを確実視され、結果だけなくその内容も問われるお家芸・柔道のエース。そして日本選手団主将という立場。

さらに、明自身も延岡合宿後に渡した手紙に、

「世界の柔道家が最も恐れ、そして康生自身が最も得意技とする内股をアテネの闘いの場でも存分に見せてもらいたいものだ」

と書いたように、期待する試合内容までを康生に伝えたことも、もしかすればば康生のプレッシャーになる要素の一つになるかもしれないと考えていた。

しかし、父の期待も含めて、これまでどんなプレッシャーをも跳ね返してきた康生ならば、そんな重圧には簡単に打ち勝ってくれるだろうと信じてやまなかったのである。

またもう一つの懸念は、技術的な面である。当然のごとく、世界中の柔道家は、井上康生を研究してくる。となれば、相手は康生に組ませないような柔道を仕掛けてくる。これは十分に予想できることである。

その際に相手を崩すために、足技がキーとなってくるのは、これまで口を酸っぱくして康生に伝えてきたことである。いかに、足技で相手を攻め、そして

内股などの大技へとつなげていけるか。

明は、警視庁での練習を見学した時に、この足技と内股などの大技のバランスが崩れているのが気に掛かり、注意を促した。

だが、延岡合宿、あるいは今日の練習において、必死に足技の練習に取り組む康生が確認できたことで、明の不安も解消されていたのである。

「(足技が得意とされている)鈴木桂治君の足技よりも、康生の足技の方がすごい!」

解消されたかに思えた明の懸念材料が、翌日、康生を苦しめることになった。

「師として、お前と一緒に戦う、お父さんだぞ」

いよいよ決戦の時、である。シドニーからの4年間は、明日という一日のためにあったといっても過言ではない。だからこそ明は、特に6月～8月にかけては、康生の練習を、時間が許す限り視察に訪れ、指導し、激励してきた。

その間、私も明の姿を見てきたわけだが、まず明は、井上康生の父親である前に、柔道の師として、接してきた。

無論、だからといって明は、自分の中から康生の父親としての部分を消し去ったわけではない。父親には、「優しさ」とともに「厳しさ」もあり、それが両方あってこその親心だと明は考える。実際、明は「厳しさ」だけでなく「優しさ」をも、その心の中に豊かすぎるほどに持ち合わせる男である。

だが、今や柔道界には、康生に面と向かって厳しい指導ができる指導者は数えるほどしかいない。だからこそ、明は康生にとって、まず師である必要があり、康生自身もそれを明に望んでいるのである。

その時、父親としての「優しさ」が表面に出すぎてしまうことは、師としての自分の姿を矛盾させることにもなりかねない。師としても父としても明は、一貫した姿を求められているのだ。だからこそ、明は、師としての「厳しさ」

とともに父としては「厳しさ」の部分を出し、その二つの「厳しさ」を合わせ、康生にとっての師として息子に接しているのである。

そんな明だからこそ、試合会場に入る時、心の中でつぶやくのである。

「師として、お前と一緒に戦う、お父さんだぞ」

明は「息子を見守る」というような言葉は決して口にはしない。

ただ一つ、故・和子の遺影にだけは、「康生を見守ってくれ」とお願いする。

その部分だけが、明が父親として心の中に溢れんばかりにもつ「優しさ」を表面に表している時なのである。

アテネでの戦いに臨む康生の前日の様子

8月19日決戦当日（1）

シドニーの栄光から4年の日々

アテネは、今日も快晴である。

「この風までも、追い風にして」

明も、いざ当日となれば、迫り来る緊張を、笑顔でごまかしているようでもある。しきりに応援団と談笑する姿があった。

会場となるは、アノリオシアホール。周囲を山に囲まれた、殺風景としかいいようのない、柔道会場。まさかこんな僻地でオリンピックとは。しかし、この場に足を踏み入れたからには、目指すは頂点（金メダル）のみ。明もいよいよ戦闘態勢へと入った。

ホテルのレストランでの朝食の席でのことである。

偶然、私の隣に座っていた、他競技の出場選手の母親らしき人が応援団に話しかけてきた。

「井上康生選手の応援団の方たちですか？　うらやましいですね、優勝する可能性の高い選手は。私の息子は、一回戦で、何もできずに敗退してしまいました。頑張ってください」

ハッとした一言だった。

コーチ陣を含め、総勢５１３人にものぼる日本選手団であるが、それぞれに応援する家族や友人たちがいる。そしてみな熱い思いを胸に、高額な旅行代金を支払い、アテネに来るわけである。そしてそのごく一部だけが、メダルという代価によって応援した選手と共に喜びを分かち合うことができる。

もちろん、メダルこそが全てではないが、取材者という立場を越えて、アテネの地で金メダルを獲得する可能性の高い井上康生を応援することができるという幸せを強く感じた瞬間であった。

思えば……。

4年前、シドニーオリンピックは、康生の兄・智和の、柔道のライバル校の一人だったということだけで乗り込んだ、駆け出しスポーツライターの私だった。何のあてもなかった。

優勝が決定して、明が手にしていたかず子の遺影を床に落としてしまい、ガラスが割れてしまった時、取材陣が殺到する喧騒の中で、私も応援団の中に飛び込んで、明の写真を撮っていた。その時、あまりにもの図々しさに、康生が「東京の父親」のように慕う兼松辰保に激怒された私だった。

さらに、ずけずけと祝勝会場まで潜入して取材をする中で、その激怒された兼松に気に掛けてもらうようになり、不謹慎きわまる私を、井上家の人々に紹介までしてくれた。今、トレーナーの池田高士と親しくさせてもらっているのも、この時の出会いがきっかけである。シドニーから帰った後も、兼松の自宅が近所ということもあり、しばしば食事などを共にさせてもらっている。今回の取材においてもなにかと世話をしてくれたのが兼松だった。

シドニーオリンピックの取材では、60万円ほど費やし、手にした原稿料はわずか2500円という、実に侘《わ》びしい取材旅行だったが、そこにはかけがえのない人々との出会いがあった。それが、この4年間の、私の原動力となった。確かに、それが原動力だった。

ホテルから会場へと向かう電車の中で、兼松がシドニーの時と同じサングラスをしている姿を見て、この4年の日々を思い返し、置かれた自分の立場の変化を兼松に感謝し、感傷的になってしまった。

1回戦　消えた王者の風格

朝10時、まだざわついている会場に、第一試合に出場する井上康生が登場した。

康生は、大舞台になればなるほど、1回戦の動きが悪い。

過去の大会ではそれでも優勝してきたわけだが、明も決勝戦以上に1回戦を重要視していた。

「その日の調子は1回戦に現れる」

その初戦、対A・メキッチ（ボスニアヘルツェゴビナ）。

まったくの、無名選手である。

ところが、世界中の柔道家の標的とされる康生も、ここまで研究されているのかと感じられるほど、井上康生の組み手を警戒し、「康生封じ」に徹してきた。それに付き合うように、康生も無理な体勢からの技が目に付いた。

試合中盤、康生が強引に仕掛けた内股が、相手に透かされるような場面があったが、技を返される場面はこれまであっても、透かされる場面は初めて見たような気がする。動きも、どこかぎこちない。

足を取られて危ない場面もあったが、なんとか2分32秒、一瞬のスキを突いて送り選り締めで勝利する。

明の表情も少しこわばる。

「さすがの康生も、初戦という緊張があるのかな」

1回戦を見ただけで、すべての調子を判断できるわけではない。明は、そう思い直した。

私も、この内容が初戦の緊張からくるものだと思った。思いたかった。

しかしややうつむきながら畳を降りる姿を見て、どこか疲れているような表情に見てとれた。そこに、王者の風格はかけらもなかった。

2回戦　本来の柔道からはほど遠い動き

対A・コバチ（ハンガリー）。

1992年バルセロナオリンピック95kg級のチャンピオン。康生自身もかつて一本負けをしている相手だが、とうに盛りを過ぎた選手であり、2001年のミュンヘン世界選手権では大内刈りで一本勝ちをおさめている。

しかし、この試合でも1回戦と同じような展開が続く。長身のコバチは、その長い手足を使って、引き込みや足を取るような技を多投する。傍目《はため》には、分かりやすいコバチの動き、そして技であるはずなのだが、康生が浮かされる場面もあった。

技があまり出ず、先に指導を取られるも、消極的な相手への指導と、力ずくの内股で効果を奪い、逃げ切った。優勢勝ち。

この2回戦が、シドニーより続くオリンピック連続一本勝ちがとぎれた試合だった。

「動きが悪すぎる。バランスも崩れている。組ませない相手に対して、無理矢理組もうと上体ばかりが前に出て、空回りしている。足技のような小技から相手を攻めていかないと。何か焦っているとしか思えない。トップギアにはほど遠い動き。なんとかシフトチェンジしなければ」

明の解説によれば、シドニーまでは相手も康生に釣り手を取らせてくれたという。それが、今大会では釣り手すら取らせないように、対策を練ってきているというのである。

また、誰よりも先に試合を行った1回戦であっただけに、対戦相手となる選手もその試合を見て、あらためて対策を練ったのではないだろうか。

いよいよ応援団も、口数が少なくなってきた。

「康生は、大丈夫なのか」

目が合うたびに、首を傾ける人もいた。

3回戦　気に掛かる指の怪我と康生の足技

対M・ケリー（オーストリア）。

やっと聞くことのできた、主審のひと声。

「イッポン」

やっと決まった、得意技の内股。

しかし、試合内容は、依然変わらず、だった。

「あの内股は、足技を使って相手のバランスを崩してから仕掛けたものでなく、タイミングを計り、一発を狙って偶然決まった内股。本来の動きの中から生まれる康生の内股ではない。この一本勝ちで気分的には、ホッとしている部分もあるが……」

そう言いながら、明は康生の指の怪我が気になり始めた。2回戦で、右手の親指を気にするような仕草をみせていたからである。

もしや、怪我によって手が麻痺しているような状況に陥っているのではないか。釣り手となる右手の指が麻痺していることによって、釣り手の引きつけができないのではないか。相手の襟に親指を突っ込み、その親指を立てることによって相手を引きつける——これが明と康生の柔道の、肝となる技術であった。

そして。

ここまでの三試合を通じて、全く足技が出ていないのである。警視庁での合宿から、明がその重要性を説いてきた足技。組ませない相手には足技が有効だと、口を酸っぱくして伝えてきた。最後に渡した手紙にも書いた。

延岡合宿でも、前日練習でも、足技を必死に練習する康生がいたのに、なぜそれが試合に出ないのか。なぜ試合で使えないような技を練習してきたのか。試合で使うために、練習があるのではないか。明は康生に対し疑問符を投げかけた。

私にも、康生が内股に固執しているように思えた。無理な体勢から、内股を仕掛けているように見えたのである。内股を意識するあまり、足技が出ないのか、それとも明が最後に渡した手紙に書いた「内股を意識しろ」という言葉を真に受け止めすぎてしまったのか。

井上康生が絶好調の時は、一本で相手を投げる際に「康生が投げる！」という予感めいたものが頭をよぎる。何というか、その試合を井上康生が支配しているような空間に感じられるのである。今思い返せば、この日の試合は、すべて相手に支配されているような空間に感じられた。

明は、とりあえずこの3回戦で相手を一本で投げたことをきっかけに、康生が本来の柔道を取り戻してくれることを期待した。常々、康生の柔道家としての最も優れた部分として、一日の試合の中で、不調であっても、試合を重ねるごとに調子を取り戻していくことのできる点を上げていた明であった。それは、単なる一流でない、超一流の柔道家だからこそ、なせる業である。

しかし、4回戦までの間に、トレーナーの池田高士が、明日出場する鈴木桂治の練習に付き添った後、会場にいる応援団のもとにやってきて一言。

「康生、昨日はほとんど眠っていないらしいんです」

明は、全く信じられない衝撃の事実に驚きを隠せなかった。言葉も出なかった。試合前、全日本男子ヘッドコーチの斉藤仁にも、「今日の康生は絶好調ですよ」と声をかけてもらい、安心していた明だった。

小さい頃から、どんな試合の前日であっても、明が言わずとも夜の9時には自ら進んで床に就くような子供だった。オリンピックを一度、世界選手権を三度経験している康生だが、大舞台を前にしても熟睡できるほど、強い精神力の持ち主だった。

1回戦を終えた時に私が感じた、どこか疲れているような表情の理由が、明らかにされた。

私にも、そして明にも、全く予期していなかった落とし穴がここに隠されていた。

4回戦　井上康生が負けた

対Ｅ・バンデギースト（オランダ）。

序盤に内股を返され有効を奪われる。

中盤には朽木倒しで、二つ目の有効を奪われる。

ポイントをリードしたバンデギーストは、康生が組んだかと思えば、リスクを避けるように巴投げを繰り返す。いわゆる掛け逃げという技である。井上康生に組まれたら「ジ・エンド」なことぐらい、世界で戦う柔道家なら誰もが知っている。しかし、康生から逃げ回るバンデギーストに、審判より「指導」が与えられることはなかった。

今大会、前回の誤審の反省からか、国際審判のレベルは非常に高くなっていた。斉藤仁男子ヘッドコーチも、総括として「今回のＩＪＦ（国際柔道連盟）審判部の努力には感謝したい」と帰国後語っていたように、不必要な「指導」

や、誤った判定が、ほとんど目に付かなかった。ただ、掛け逃げに対する「指導」だけは、全体的に判断基準がはっきりしていなかったようにも感じる。

しかし、この試合に限って言えば、康生も掛け逃げの巴投げに体を浮かせてしまう場面が多々あったため、審判もはっきりと掛け逃げの裁定が下せなかったのだろう。

4分過ぎ、やっと康生は内股で有効を奪う。しかし、いまだ、ポイントはリードされている。

終盤、コンタクトレンズが取れたのか、あるいは鼻血が出たのか、約1分30秒もの間、オランダの巨人・バンデギーストは、同じオランダチームのドクターと共謀し、試合を中断した。彼は疲弊していた。

再開し、残り15秒となった。

ひたむきにバンデギーストの奥襟を取りに向かった康生は、見事、背負い投げをあわされ、宙を舞った。

康生が一本負け……。

どのぐらいぶりの一本負けだろうか。

その時、明は……。

康生が投げられたその瞬間まで、康生の勝利を信じていた。どんなに本来の康生の柔道からはほど遠くとも、試合中に師として疑いの目を向けることは、自らの教えを否定することでもある。

残り30秒になるかというところで、有効を一つ、取り返してくれた。それゆえに、残りの時間はわずかながらも、必ず一本を奪って勝利する。康生を信じていた。

敗北が現実となった瞬間、明は大きく天を仰いだ。そして、横に座っていた将明に何かをつぶやき、手で顔を覆ったのである。涙はみせなかった。

師として、負けて流す涙はない……のだろうか。

私には、流れ出ようとする涙を、必死にこらえているように見えた。

この試合、一流の柔道家ならば、相手の「指導」を誘うような、掛け逃げをアピールするような動き（柔道）ができたかもしれない。

しかし彼は超一流の柔道家である。父の教えと世界王者としてのプライドは、残りの1秒まで攻め続ける攻撃柔道を選んだ。

それが仇となった、のかもしれない。こんなにも「心技体」がばらばらの状態で前に進み出ていけば、いくら康生であっても相手に隙を与えるだけだった。

――仰向けに横たわった康生は、天井を見つめた。

やっと起きあがるも、すぐには立ち上がらずに、今度はうつむいた。

この時、王者は何を思ったのだろうか――

余談だが、帰国後、明のもとに届いた康生への激励の手紙に、この康生の表情を見て「人間が〝生きている〟ことを痛感した」と書かれた一通があったという。生きている人間らしく、生命力あふれ、魅力的に見えた、と。

確かに、絶望の崖っぷちに立たされた康生の表情には、人間が生きている証としての、現実がもたらす悲しみと屈辱感がにじみ出ていた。

「康生も、人間だった……」

「かける言葉もありません。康生の柔道のひとかけらも見ることができなかった、それが残念。負けて当然です。康生も、人間だった……」

4回戦終了後、しばし観客席で途方に暮れていた明であるが、会場の外で取材陣に囲まれると、タバコをくわえ、質問が飛ぶより先に、自ら、そうつぶやいた。

敗因を問われると、やっと頭の中の整理がついたのか、冷静に語り始めた。

「何せ疲れた状態で試合に臨んでいる。自分の動きができていない。大舞台でこんな柔道をするのは初めて。ある程度研究されてくるのは予想していましたが、ここまで研究されているのかという驚きもあります。

4回戦、最初に取られた有効がなければ、試合の流れは大きく変わっていたでしょう。ポイントを先行されたことで、康生に焦りが生まれ、柔道に余裕がなかった。自分の組み手になっていないのに、なぜ内股を出していくのか。信じられません」

不思議なもので、勝負の世界では、その日までの調子がよければよいほど、いざ試合となった時に、力を出せないケースが多い。この時の私には、康生のこの日の試合が、その典型パターンに感じられた。

「心技ともに充実していてアテネに入ったのに、期待を100％裏切ってくれた。ただ、試合は全て終わったわけではない。康生に課せられたメダルの色は一つしかなかったわけですが、敗者復活戦に向けて、日本選手団の主将としての責任を果たせと言いたい」

敗戦の直後にもかかわらず、大勢の取材陣を前に、冷静に、毅然《きぜん》とした態度で質問にこたえていた。

そして最後に一言、

「これで柔道をやめたいのならば、やめればいい」

それが明の憤りの気持ちからくるものなのか、あるいは無念の気持ちからくるものなのか、投げやるように、メディアの前で、そう言って康生を突き放したのだった。

思えば、今日の康生の負けは、私が初めて目にした、康生の一本負けだった。私が康生を取材するようになって、実はまだ一度しか負けた日の取材を行ったことがない。今年（２００４年）の全日本選手権、あれが実際に私が初めて見た、康生の負ける姿だった。

今年の春まで、私自身の中で、康生は常に勝ち続ける王者であった。

実は、本書も、当初は康生の金メダルを期待して、企画されたものである。

師弟、そして父子の、歓喜の瞬間までを追おうとした。

この結果は、私にとっても思いがけないことであった。

しかし、思うのである。

負けた時にこそ、見いだすことのできる康生の魅力があるのではないか。

そして、その魅力とは敗因の中にこそあるのではないか。

敗因となれば、試合までの過程をつぶさに追っていかなければ、見えてこない。ちょっとした言葉、行動の中にこそ、敗因となる要素が隠れていることが多いからである。

今回の敗因は、この時点では全く見えなかったと言って良い。誰しも、前日まで康生の金メダルを確信していたからである。

康生はなぜ負けたのか。その敗因とは……。

その答えを探すために、私は引き続き明に密着して取材を行うことにした。加えて、延岡合宿だけでは探しえなかった敗因のヒントを、アテネにいたるまでの康生と明の歩みの中から、そして関係者の話から探していくことにした。

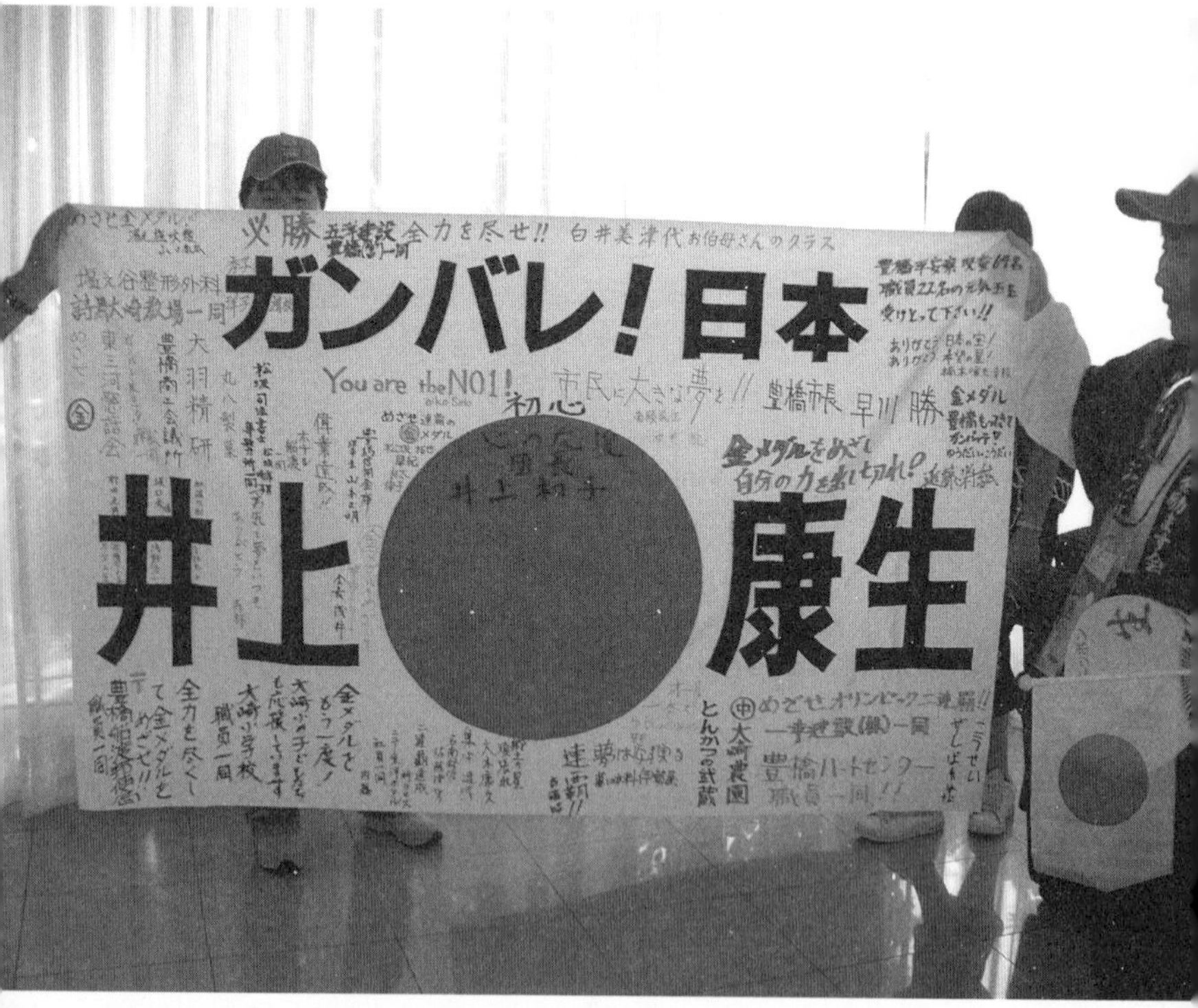

応援団の寄せ書き。中央には「心の応援団長　井上和子」とある

朝9時、試合会場となるアノリオシアホールの外にて。康生の父である明を中央に、左が長男・将明、右は康生が「東京の父親」のように慕う兼松辰保

康生が敗北を味わった、アテネ・アノリオシアホール

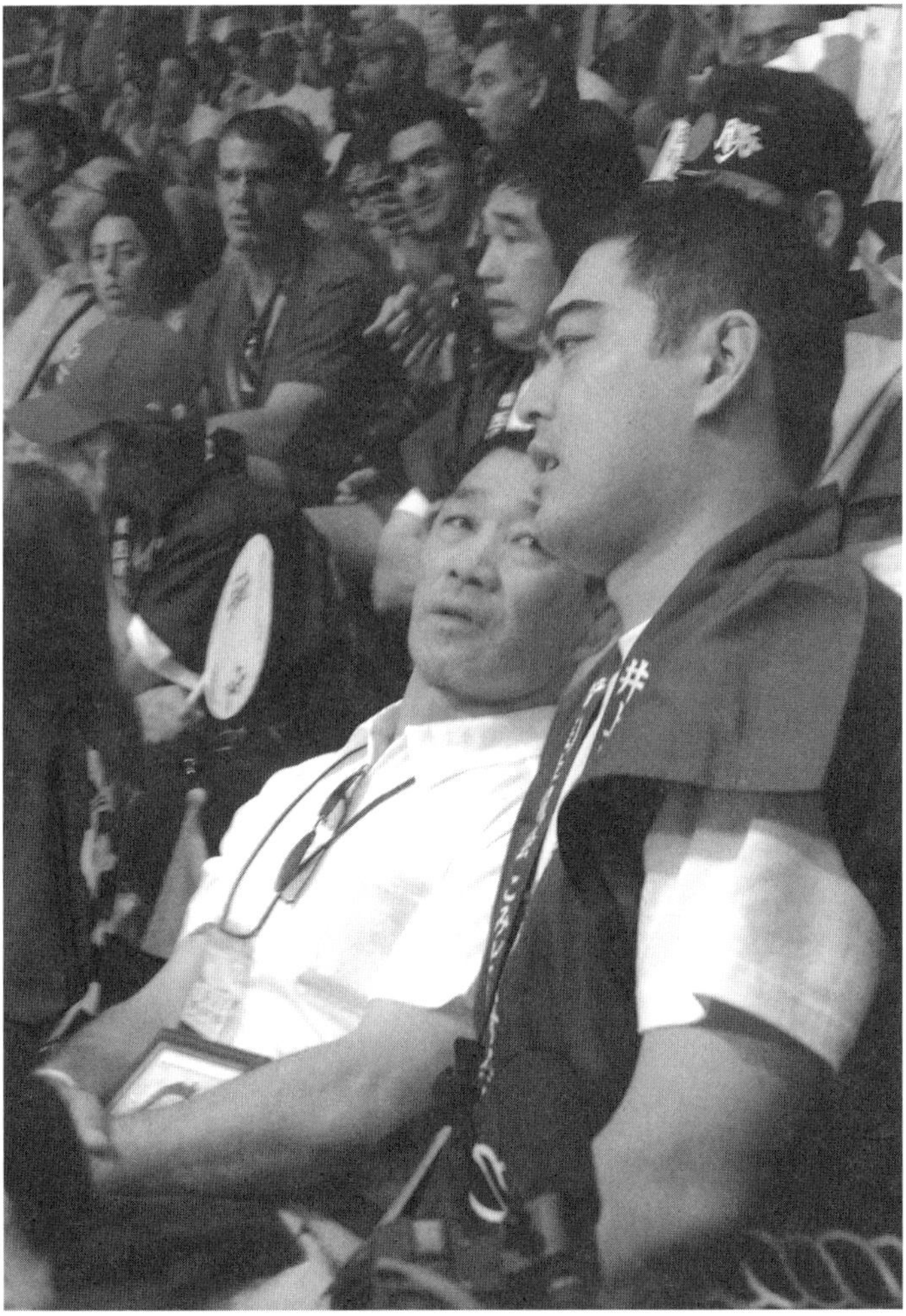

康生が負けた瞬間、将明に何かつぶやいた明。涙は、みせなかった

8月19日　決戦当日（2）

運命のいたずら
応援団が見ることのなかった康生の敗者復活戦

敗者復活2回戦、対M・ミラリエフ（アゼルバイジャン）。

康生は、3分4秒、場外際、大内返しで、再び一本負けしたという。

この試合を明が見ることはなかった。

というのも、4回戦を終え、一度会場を出た応援団は、午後に行われるであろう敗者復活戦に向けて、会場の敷地内にある軽食屋で食事を取ろうとしたのである。つまり、この敗者復活2回戦が午後に行われるものとばかり思っていたのである。

迂闊《うかつ》だった。

当然、みな、敗戦のショックで口数は少なく、足取りは重く、うつむいてばかりだった。こんな時、彼らの中にいてもっとも客観的な立場であり、オリンピック取材にも慣れている私のような人間が、冷静になってこの間違いにもっと早く気づくべきだった。それが私には悔やまれてならない。

午前中のうちに敗者復活戦が行われることを知らされ、いざ会場に戻ろうとしたのだが、テロ対策か何かしらないが、融通のきかない大会関係者は、一度会場を出た人間に対し、再び入場することを許可しなかった。たとえそれが、選手の親族であっても、だ。

明は4回戦終了後のインタビューでも語っていたように、せめて敗者復活戦では、康生の柔道を見せてほしいと願っていた。

私にはそれが明の本心とは思えなかった。

康生と同様に、いや康生以上に金メダルへの思いが強かった明である。

大会前、

「おい、康生。お父さんも日本柔道界が一つでも多くの金メダルを獲り、躍進することを願っている。しかし、その中にお前の金メダルというものがなければ、その価値は半減するんだぞ」

とまで伝えた明である。

敗戦直後、すぐに目標を「銅メダル」に切り替えることができるとはとうてい思えなかったのである。

今日2試合目の一本負けは、私が受けた試合会場にいるトレーナー池田高士からの電話を、私がそのまま実況中継するような形で明に伝えた。

つまり、私は、康生の敗北を、康生の父である明に伝えるという責務を、偶然にも担ってしまったのである。私も動転していたのか、この時の明の表情をよく思い出すことができないが、一回目の敗北の時が無念という表情であったのに対して、無表情に近かったように思う。それでいて大きなショックを心の中で感じていたに違いない。

康生は、生涯で初めて、一日に二度、一本負けをするという屈辱を、アテネオリンピックという大舞台で、味わった。

バスの中で明は自身を責めた

応援団は、結局、午後の決勝ラウンドも観ることなく、会場を後にすることにした。

私も、この敗北を、いまだ現実として受け止めることができなかった。試練という言葉に置き換えるには、あまりにもむごい現実。あれだけの努力をしてきた康生がなぜ報われないのか。

帰りのバスの中でのことである。

明は、ずっと窓の外のアテネ市街を眺め、時折、眉間《みけん》に手をあてて、うつむいてた。こちらが何かしら声をかけようものなら、無理な笑顔で応対した。

明は一人、康生の敗因について考えていた。

「今日の康生の敗因は、プレッシャーにあったとしか考えられない。それは決して日本選手団の主将という立場からのプレッシャーだけではない。

私が手紙で託した言葉、あるいは日頃から康生に言ってきたことを思い返す中で、ひょっとして康生に一番のプレッシャーをかけていたのは、私自身ではなかったか」

自分を責めずにはいられなかった。

アテネで観ることのできた4試合は、本来の康生の柔道からはほど遠いものであった。足技は出ず、力に勝る相手に返されるのを恐れているようでもあった。

そして、そこには、内股にこだわっているとしか思えない康生がいた。

明は、オリンピックに向けて最後に伝えた言葉の一つを思い出した。

「多くの人がお前の内股という技に期待している。だからこそ、試合の中で、一試合だけでもいいから、もちろんそれが決勝戦であることを一番に望むが、決め技としての内股を意識しろ」

この言葉によって、あんな無茶苦茶な柔道になってしまったのか。

私たちが想像する以上に、康生と明の間には、師弟関係、そして信頼関係がある。私たちにしてみれば何気ない言葉であっても、師弟であるからには、それが使命となる。

敗北を受けて、明が自身を責めたというのは、ある意味、ふつうの親子の関係からは、生まれ得ない感情に思う。

その点が、やはり明の父である前に師であるところである。

師として、康生ならこの言葉（期待）を力としてくれると信じていた。

これまでどんなプレッシャーをも跳ね返してきた康生の精神的な強さ、技術的な才能というものを、過信していたのではないだろうか、と明は自分自身に問いかけたのである。

あの康生が、前夜に眠ることができなかったという。

康生は、シドニーオリンピックが終わった後、「オリンピックに魔物はいなかった」と語ったが、ここアテネではプレッシャーという魔物が棲んでいたのである。

車窓から、アテネ市街を眺めている明は、朝の時点から比べて、とても同じ人間には思えないほど、小さくなくなっていた。私には、自らの存在を、現実の隅っこに追いやっているように思えた。

アテネでの密着取材中、最も印象的な姿の明がそこにいた。

明の土下座～康生を見捨てないで欲しい～

会場からバスと電車を乗り継ぎ、ホテルに着いた応援団は、祝勝会となる予定であった夕食までの間、一度解散することになった。

その時である。

「遠くまで応援に来ていただいて、なんとお詫びをすればいいのか、言葉もありません。勝負の世界の恐ろしさ、厳しさを私自身、人生の中でこれほど痛感したことはありません。この場から逃げ出したくなるほどの思い、耐えきれない屈辱感。これは私以上に康生自身が感じていることでしょう。

私は康生の親として、このまま終わる康生ではない、と、そのことだけは信じてあげたいと思っていますし、康生も試合が終わった現時点から復活を目指していることでしょう。私自身もこの屈辱感を正面から受け止めて、もう一度康生とともに歩きたいと思います。どうか康生を見捨てないで下さい。、今後もご声援を賜りますよう心からお願いを申し上げます。必ずやこの恩返しを、近い将来、康生自身の手で皆さんに披露してくれることを、私自身、命をかける思いで康生に託したいと思います。本当に申し訳ありません」

明は、涙ながらに語り、30人を越える応援団の前で土下座した。

この時点では、私も同じ時間を共有した一人として、明の言葉と涙と土下座に、いたたまれない気持ちになった。

数日後、この映像を無断で放映したTV関係者に、私は抗議したほどだった。

このショッキングなシーンを、無責任に全国へと放映したことが、マスコミ関係者の一人として、そして明や周りの人々の悲しみを知る一人として私には許せなかったのである。

しかし、帰国して冷静になって疑問に思ったことがある。なぜ、父親である明が、恥を捨て、皆の前で土下座までする必要があるのか。

誰が康生の敗北の責を明に求めるというのだ。

康生がこの映像を見たら、悲しむにきまっているではないか。

だが、9月、再び宮崎を訪れた時、私は明のこの土下座の持つ意味を知ることになる。

やはりこの土下座には、深い、明の康生への想いが隠されているのである。

敗北の直後、明は「これで柔道をやめたいのなら、やめればいい」と康生を突き放した。しかし、その数時間後、今度は応援団の前で「見捨てないで欲しい」と、絶望の淵に置かれた我が子をかばった。

この言葉のギャップは、あのバスの中で明が自分を責めたところにあると、私は思う。ひとり、冷静になって自分が与えた言葉や行動を思い返して、敗北の責任が自分にもあるのではないかと、考えたのである。それが「見捨てないで欲しい」につながったのではないか。

そして、思い改めた後の、この土下座という行動は、明の中にある父としての面と師としての面が同時に強く出たシーンである。二つの立場をもつからこそ、明には、父親としての責任だけでなく、同時に師としての責任もあった。それゆえ、康生が大きな敗北を喫した今回、自ら感じる責任の度合いも、倍増したものとして受け止めていたのかもしれない。

師としても父としても、明は康生とともに戦っている。

康生の敗北は、井上明の敗北。

康生が感じているであろう屈辱感、悔しさを、明も共に味わっているのである。康生に成り代わって、アテネまで応援に来た人々に対して謝罪し、復活を誓ったのである。

「お父さん、ごめんね」「逃げるな！」

「力不足で、すみませんでした」

残念会となってしまった日本料理屋での夕食。遅れて到着した次男の智和も、開口一番に謝罪した。

そして明と同じように、敗因としてプレッシャーをあげた。全ての時間を共にしてきた智和にとっても、その答えしか思い至らなかった。

そして、智和は、再び北京まで、同じ100kg級を戦う柔道選手として康生を支え続けることを応援団の前で誓ったのである。

残念会が催されている頃、ようやく、康生が明に電話をしてきた。

「お父さん、ごめんね」

まるで、小学校低学年の子供が言うような、か細い、弱々しい声だった。

ほんとうにこれが康生の声なのか。信じられないような気持ちで、明はただ

一言、

「逃げるな！」

とだけ伝えた。

この電話で、今の康生がどれほどの屈辱感を味わっているのか理解できた。そしてその康生が自分に対して、精一杯の力を振り絞って言葉を発してくれた。そのぐらいの気力しか、今の康生にはないのかと、改めてこの現実に、全身の力が抜け出るようだった。


ホテルへ戻った頃には、すでに24時をまわっていた。私は、無理を言って、明にインタビューのお願いをすると、約一時間もの間、質問に答えてくれた。冷静に、今日という一日を振り返る井上明。

残念会で皆に励まされたことにより、やや覇気を取り戻しているようにも見えたが、やはり無念の気持ちが明を襲っている。当然である。敗北の瞬間から、まだ十時間ほどしか経っていないのである。シドニーからの4年間は、今日の日のために過ごしてきたと言っても過言ではないのだから。

明は、オリンピックの直前、延岡合宿から東京へと康生が戻る際に、手紙を託している。その中に「家族のために戦って欲しい」という一言を入れた。

であるならば、この敗北に終わったアテネオリンピックとは、井上家にとって何だったのか？　私は、これをこの日の最大にして最後の質問とした。

明は、「非常に手厳しい質問」と前置きし、以下のように答えた。

「今はまだ、即答できません。ただ、親としての思いとしては、合宿から今日の本番まで康生の心理状態を一番把握していた智和自身が残念会の会場に来て、まるで自分が負けたような思いで康生の心理状態を私に報告してくれた。長男の将明も、残念会のために動き回ってくれた。大きな理想を追う家族の一員として、康生がショックから立ち直っていく姿を見る以前に、二人の兄たちがすでに北京オリンピックという目標を定めてくれている、今度の屈辱を受けても、康生を世界の舞台に送り続けるために家族の結束をさらに強めることができた。そのことが、帰国する私にとっては大きなアテネであったと思います。

負けてしまい、そして何も果たせなかったアテネであるようですけれども、むしろ負けたことによって康生も大きく成長してくれることを願っています。北京のためのアテネであったと思えるようになればと思います」

アテネでは、これ以上、明に取材することはなかった。

康生の敗因を、詳しく明に問いただすのは、帰国して、少し時間を経た上で、宮崎で行えばいいと思った。

私は、アテネでみせる明の生き様を目に焼きつけようとした。

なぜか、敗北を受けた康生自身の今が、井上明に投影されているように思えたからである。

翌日も、大きく肩を落として、皆のアテネ観光に付き添う明がいた。足を引きずりながらも、パルテノン神殿のある、アクロポロスの丘を登った。

それは、これから再び栄光を手にするまでの、二人の苦難の道のりをあらわしているようだった。

試合会場からホテルへ戻るバスの中、明はずっと窓の外のアテネ市街を見つめ、康生の敗因について考えていた

ホテルへと戻り、応援団の前で涙ながらに康生の敗北を謝罪し、土下座をした明。「康生を見捨てないでください」

特別収録

アテネに臨む康生へ送った明の手紙

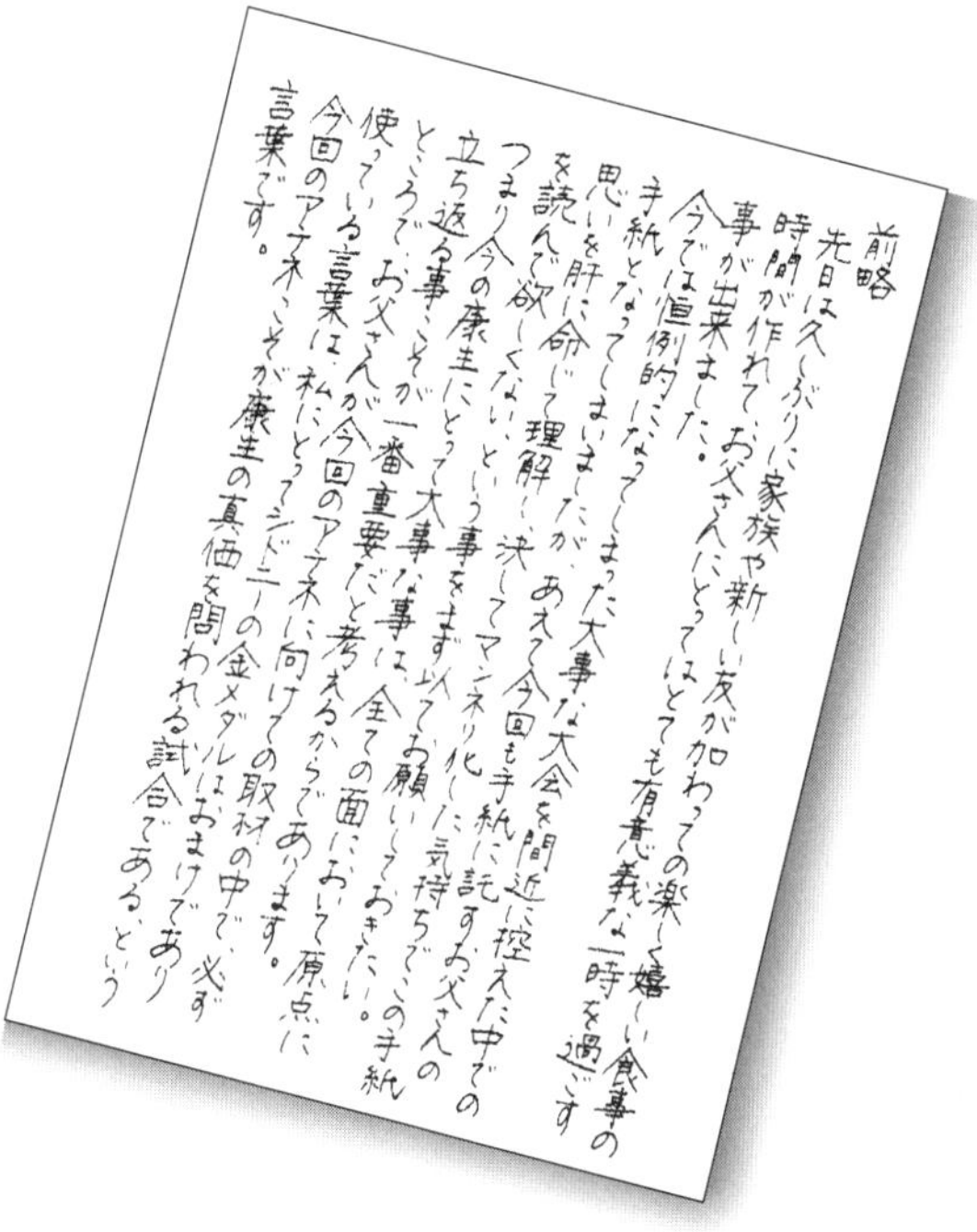

前略
先日は久しぶりに家族や新しい友が加わっての楽しく嬉しい食事の
時間が作れてお父さんにとってはとても有意義な一時を過ごす
事が出来ました。
今では恒例的になってしまった大事な大会を間近に控えた中での
手紙となってしまいましたが、あえて今回も手紙に託すお父さんの
思いを肝に命じて理解し、決してマンネリ化した気持ちでこの手紙
を読んで欲しくないという事をまず以てお願いしておきたい。
つまり今の康生にとって大事な事は、全ての面において原点に
立ち返る事こそが一番重要だと考えるからであります。
ところでお父さんが今回のアテネに向けての取材の中で、必ず
使っている言葉は、私にとってシドニーの金メダルはおまけであり
今回のアテネこそが康生の真価を問われる試合である、という
言葉です。

アテネの直前、延岡合宿最終日に康生へと明が渡した手紙。師としての思いと父としての思いが交錯するかのような文面である。読み進めていくと、技術的な面と精神的な面において、ここで明が懸念していることが、現実としてアテネでの康生に起こってしまったことが分かる。明は言う。「私は筆無精ですが、康生へ手紙を書く時だけは、あっという間に書き上げてしまう。それは私が何か康生にアドバイスしているのではなくて、アドバイスの内容を康生が求めて私から引き出すんです。それほどの知恵が私にはありませんよ（笑）」。

前略

先日は久しぶりに家族や新しい友が加わっての楽しく嬉しい食事の時間が作れて、お父さんにとってはとても有意義な一時を過ごす事が出来ました。

今では恒例的になってしまった大事な大会を間近に控えた中での手紙となってしまいましたが、あえて今回も手紙に託すお父さんの思いを肝に命じて理解し、決してマンネリ化した気持ちでこの手紙を読んで欲しくない、という事をまず以てお願いしておきたい。

つまり今の康生にとって大事な事は、全ての面において原点に立ち返る事こそが一番だと考えるからであります。

ところで、お父さんが今回のアテネに向けての取材の中で、必ず使っている言葉は、私にとってシドニーの金メダルはおまけであり今回のアテネこそが康生の真価を問われる試合である、という言葉です。

その意味の一つは、シドニーにおける闘いは前年の世界選手権で得た勝利の勢いと一戦一戦に懸ける直向きな必死さが、金メダルという栄光に繋がった大きな要因と言える。

しかし今の康生の存在感を考えた時、打倒康生に燃える世界の柔道家の挑戦を真っ向から受けて立たなければならない事、と康生本人の自覚として生まれている「俺が勝たずして誰が勝つ」の意識を、当然無意識の中で少なからずのプレッシャーとなっているに違いないと考える。

だからこそ、お母さんの言い残した初心という言葉を今一度思い返すと共に、お父さんが理想として言い続けてきた攻め一本の柔道を、今回のアテネでも貫き通すんだという原点に立ち返った気持ちを、自分の心にしっかりと言い聞かせてアテネ入りをしてもらいたい。

先日の警視庁での練習を見た実感として、まさに康生恐るべしであり、初挑戦のアテネオリンピックと言う意識を持って闘いに臨む事こそが多くの方の期待に応える事が出来る唯一の道だと考えます。

更にどの大会においても基本的には自分自身の栄光のために闘う、という事が最も大事な事である事は言うまでも無いが、加えて誰かの為に、という思いを心に秘めて闘いに臨む事は、更なるパワーが生まれるとお父さんは信じている一人である。

その意味で今回のアテネに向けては、アテネ代表を勝ち得た影の立役者とも言える智和への恩返しを含めた家族の為に、を闘いのテーマにしてもらいたいと考えます。

多くの言葉は控えるが、その家族も一人増え、二人増えしている家族である事をしっかりと自覚してもらいたい。

東京の食事の席でも話した通り、その家族の為に是非共、格好い康生の姿と、感動をプレゼントしてもらいたいと切に願っているお父さんです。

次に少々技術的な面に触れておくが、警視庁での練習を見て気付いた二・三の事についてはしっかりと胸に納め、その後の練習の中で指摘された点の改善に最善の努力をしてくれるものと確信しているので、その事に関しては触れないでおく事にする。

ただ心技両面に繋がる事であるが、世界の柔道家が最も恐れ、そして康生自身が最も得意技とする内股をアテネの闘いの場でも存分に見せてもらいたいものだ。

お父さんが言う真価の中に、世界の柔道家が最も研究し、そして最も恐れる康生の内股を持ってして、オリンピックを制する事こそ真価と言う言葉を口にするお父さんの大きな夢である。

その実現の為には、内股以上に足技が重要になる事は康生なら当然理解している事であり、あえて説明する必要はないと考える。

これまでも何度か言ってきた様に、まるで勝って当たり前と言わんばかりの期待感と、選手団の主将という自覚から生まれるプレッシャーを逆にバネにして頑張って欲しい。

本番においては、一回戦がその日の調子の全てを左右する試合となる事を肝に命じておく事と、勝負の落とし穴は、組み際・離れ際・そして技を掛けた後の体勢が崩れた時、この三点にある事を注意事項として頭の中にしっかりと叩き込んでおく事も大事な一つである。

最後の言葉として、初挑戦のアテネオリンピックである、という意識とあくまで自分の柔道を信じ、攻め一本の柔道を貫き通す強い精神力を持って試合に臨むならば、誰よりも康生恐るべしを確信するお父さんである。

残された一日一日を大事にしながら本番では頑張って欲しい。

いつもながらの手紙であり、中にはお父さん自身が康生にプレッシャーをかけかねない内容となったけど、誰にも勝る強い精神力と、誰にも勝る努力をしてきた康生を信じるがゆえのアドバイスとして正面から読んでもらいたいと願っています。

草々
（原文ママ）

第二章 兄たちの力と家族の絆

2004年4月4日、体重別選手権決勝で3度目の兄弟対決が実現した。1分2秒、大内刈で智和を投げた康生は、手を取り労をねぎらった（写真：共同通信社）

2004年4月4日　全日本選抜柔道体重別選手権大会

康生が嗚咽した兄・智和の勝利

康生は、泣いていた。

福岡市民体育館を埋めた観客や柔道関係者、あるいはマスコミ。誰からの視線も避けた会場の隅っこで、康生は泣いていた。

全日本選抜柔道体重別選手権大会100kg級準決勝第2試合。鈴木桂治（平成管財）vs井上智和（警視庁）。康生にとって最大のライバルと実兄の対決。

第1試合で同階級の次世代を担う穴井隆将（天理大）を大内刈りでしりぞけた康生は、試合場のすぐ脇で、東海大相模高校時代からの親友でありトレーナーの池田高士と共に、この対決が始まるのを見つめていた。

私は、その試合よりも康生の方が気になり、記者席から兄の戦いを見守る康生の表情を追った。しかし、主審の「はじめっ」の声がかかってまもなく、康生は池田を残し、人目を避けて特別に設けた控え室に、ひとり戻っていったのである。

同じ柔道家として兄に期待する気持ちと、弟として兄を思いやる気持ち。一方で鈴木桂治という最強にして最大のライバルの存在。両者への特別な心理が交錯する中で、この戦いの顚末《てんまつ》を見届けることは、想像以上に康生にとっては酷なことなのかもしれない。もちろん、大事な決勝戦に集中するため、という気持ちもあっただろう。

そんな康生が控え室で腰を下ろそうかという時である。今思い起こせば、一瞬の静寂がおとずれ、直後、会場に歓声がこだました。

智和が、桂治を、「隅落《すみお》とし」で、投げたのだ。

この階級の、いや、この大会における最大の焦点は、康生と桂治で争われる

１００kg級の代表の行方であった。無論、最終決定は同月29日の全日本選手権後であったにしても、この日康生が優勝すれば、事実上代表の座は康生に決まる。観客は、これまで数々のドラマを生んできた康生と鈴木桂治の二人ゆえ、代表決定にいたるまでのシナリオをそれぞれが思い描き、ひとまず桂治の準決勝を見守るような状況だったのである。

そんな時、康生の兄である智和が、全く予想外のシナリオでもって、このドラマを演出したのだ。それが一瞬の静寂を生み、悲喜こもごもの歓声をあげさせた。

私も、アテネの切符をかけたこの大会の思いがけない展開に唖然とせずにはいられなかった。しかも、あっさりと勝負が決してしまったのである。

池田は、すぐさま走って控え室に戻り、何が起こったのか「?」の康生に、その顛末を伝えたという。

「智さん、勝ったよ!!」

嗚咽する康生。涙が珠となってしたたり落ちた。

いつのまにか、康生の周りを東海大学柔道部監督の中西英敏と、シドニーオリンピックの同階級担当コーチであった高野裕光が囲み、一緒になって涙している。つられて池田も涙、涙。

この康生の涙の意味は、代表権をほぼ手中にした歓喜のそれでは、もちろんない。

「すごいな、俺の兄貴は。尊敬するよ」

そうつぶやいた康生は、この大会にかける智和の思いを誰よりも理解していた一人であった。

智和の意地とプライド「この試合だけは墓場まで持っていくぞ」

離れた場所でもう一人、康生と智和の父である明も泣いていた。

試合直後、私は観客席へと駆け上がり、明にコメントを求めると、

「この試合だけは墓場まで持っていくぞ」

思わず出た、明の本音だった。さらに興奮して「(康生の)シドニーの金メダルよりもうれしい瞬間」と私に表現した。

大事な試合の際に明が康生に手紙を書くことは有名な話だが、この大会を前にして、明は智和にも手紙を書き、奮起を促している。

「鈴木桂治君に負けたら、親子の縁を切る」

……確かに、手紙にはそう書いた。

しかし、明にとっては、康生の援護射撃として一分でも長く鈴木桂治を苦し

めてくれれば、それで満足であった。今の桂治と智和の力関係、そして勢いから考えると、智和に対し桂治に勝ってほしいなどという願いは、その可能性に対する正直な判断として持つことができなかったのである。父すら予想できなかった結末。

「智和には失礼な表現かもしれませんが、智和の柔道からして、あの神懸かり的な技（隅落としという技は、別名「空気投げ」と呼ばれる）、そしてあの結果は奇跡。親子の縁を切るとまで言われて、自分の意地とプライドを再認識したのでしょう」

井上康生と井上智和

康生は、明の手紙の内容も、智和のこの一戦にかける思いも、十分に理解していた。そして、何よりも柔道家として尊敬し、また自分をサポートしてくれる兄に一番感謝しているのも康生であった。

あれはまだ、宮崎にいた中学生時代。東海大相模高校への柔道留学を決めたとたん、康生は柔道の練習ができない苦しみを味わったことがある。いわゆる練習をボイコットされてしまったのである。地元の人々の自分に対する期待の、その裏腹に出た行動は、康生自身にも理解できたことだった。

聞けば、そんな時に、当時、宮崎日大高校のキャプテンで、インターハイでは準優勝していた智和は、将来を嘱望される弟のために、自分の練習を終えてから、汗だくとなった柔道着を着たまま康生のもとへ向かい、練習に付き添ってくれたという。

弟思いの兄。今も、大事な試合の当日などは、そばに智和がいて、くだらない冗談を言ってくれるだけで、リラックスできる。また、これまで一番肌を合わせてきた柔道家も、この兄であった。シドニーオリンピックや世界選手権で優勝できたのも、まず付き人として智和がいてくれたからだ。

智和なくして今の、井上康生はない。そしてそんな智和が、ライバルの鈴木桂治を投げて、自分を援護射撃してくれたのだ。

康生の涙は、自分にとっての兄という存在に、あらためて感激した涙であったのだ。

お父さんのために

明は、このアテネオリンピックにのぞむ康生に対し、当初は、

「俺のために戦ってくれ」

と伝えていた。

日本柔道を背負う星の下に生まれた者の宿命ゆえか、これまで大舞台に臨む康生に対して、神様は康生から大事な人を幾人も奪ってきた。

1999年、大スランプの中、柔道一家にあって母親っ子だった康生から、皮肉もその一番の存在の母を奪った。またシドニーオリンピックを前後して、康生にとって第二のお母さんとも言える佐藤宣践東海大学柔道部総監督の妻・久美が病に伏し、2000年に亡くなっている。

シドニーオリンピックは、「二人のお母さんのために戦いなさい」と伝え、康生も悲しみを力にした。

今回のアテネに臨むにあたって明も、シドニーオリンピックの前に煩《わずら》った脳梗塞の病状が、そのシドニーの時に比べても、あまり芳《かんば》しくないという。

「お父さんに一年でも長生きさせたかったら、まず今度のアテネを原点にして欲しい。そしてアテネオリンピックの金メダル無くして、次の目標設定などできない」

手足がしびれ、時にちょっと前に交わした会話の内容を思い出せないこともある。シドニーの時ですら、当地までの機内で、通路に横にならなければならなかった明である。今回の旅路はフライト時間もさらに長くなり、しかもアテネは40度の暑さと聞く。康生が背負う宿命に自らの体調を照らし合わせ、思わず明が吐いた、弱気な一言、それが「俺のために」という言葉だった。

それに対して康生は、

「冗談じゃない、お父さんは考え方がずれている。これまでもお母さんや、もう一人のお母さんのために戦えという言葉を受けてきたけれども、僕の心の中では、常にお父さんのために戦うということを持ち続けているんだ。今さら俺のために戦えなんて、そんな弱気なことは言わないでくれよ。アテネも、これから先も、お父さんのために戦っていくんだから」

と答えたという。

この時の会話を、明は「康生に一本取られましたわ」と笑いながら、嬉しそうに私に話してくれた。

いまだ、亡き母・和子の力

この体重別選手権に臨むにあたって、康生の体調は最悪に等しかった。左膝の内側の靭帯を痛め、それをかばってか、右肩があがらないような状況に陥っていたという。その後の4月29日の全日本選手権よりも、むしろ福岡の方が満《まん》身創痍《しんそうい》の状況だったのである。同じように、智和も靭帯を痛めており、それは全日本選手権予選を欠場しなければならないほどであった。

もちろん、柔道を戦う、ましてや全日本の舞台で戦っている選手たちは、何かしらの怪我を抱えているものである。しかし、その事を差し引いたとしても、この時の二人の怪我は、相当に重いものであったといわざるをえない。

この大会で、ほぼ決定した康生の代表権も、兄弟が一つとなって、鈴木桂治戦に臨んだからこそ、得られたものだった。

さらにもう一人、兄弟の勝利に大きく貢献した人がいる、と明はいう。

「私が感じるのは、死んだ和子の力なんです」

明は子供たちに手紙を書く時には、今は亡き妻・和子の存在を意識させるようにしているという。

「姿こそないけれど、今も井上家を支えてくれているのは、魂となったお前たちのお母さんなんだぞ」

明は、この井上家にとって最大の勝利は、今も天国から見守る和子の存在を何よりも確信した瞬間であったのである。まさしく、家族が一丸となって掴んだアテネ切符。

明は、この全日本体重別選手権の余韻を心のぬくもりとして、最終選考会となる4月29日の全日本選手権に臨んだのであった。

2003年4月29日全日本選手権、2004年4月29日全日本選手権

篠原信一と井上康生

時は遡《さかのぼ》って、2003年4月29日の全日本選手権大会。井上明は、三連覇のかかる息子・康生の、柔道選手としての生命的危機を、この大会で感じていた。福岡で開催された同月4日の体重別選手権決勝でライバル鈴木桂治に敗北し、この日も2、3回戦と試合が進む中で、明にはその福岡での敗北を引きずっているように感じられるほど、最悪といっていい試合内容であった。どこか柔道に、覇気《はき》が感じられないのである。

体重別で、負けたにも関わらず9月に開催される大阪世界選手権100kg級の代表権を得ることができた。それは過去の実績だけで手にした代表権であっ

た。にもかかわらず3連覇のかかるこの全日本選手権でみせる柔道家・井上康生としての姿に、王者の意地とプライドのかけらも見あたらなかった。この時、会場で試合を見ていた明は憤りすらおぼえ、これを選手生命の危機として受け止めたのである。

明の気持ちの高揚が最高潮に達していた時である。

横に座っていた長男の将明が、

「お父さん、この康生の試合を観て、なぜ動かないのか」

と語りかけてきた。

確かに康生は俺を必要としているかもしれない。しかし、康生ももう大人の柔道家ではないか。多くの選手と先生たちがいる戦場というべき場所に、選手の肉親である自分が、ずけずけと入っていくものではない。

おそらく、そういった遠慮の気持ちを、この時点の明は持てたのではないだろうか。

四回戦、再び康生のふがいない試合内容が続く。

「康生は待っているんだ。康生が、発破をかけてほしいと訴えているのに、それがお父さんには伝わってこないのね。僕には伝わってきているんだ」

その将明の言葉に、明は、今の自分がなすべきことを知った。

「よし、分かった。行く」

麻痺の残る足を引きずり、引きずり、康生を探し回った。偶然、通路で私もその時の明と遭遇し康生の居場所を聞かれたのだが、悲壮感と憤りが同居したような明の表情が、強く印象に残っている。控え室にも康生はおらず、ちょうどそこにいた鈴木桂治に「康生は見ないか」と訊ねたが、彼も知らないということだった。私も、明と分かれて、会場内を探してみたのだが康生の所在を確認できなかった。

この時、明は、はたと思いついて足を止めた。

康生がその大会のいよいよ重要な試合に臨む時は、集中力を高めるために、一度試合会場から離れるではないか。

そうして一目散に向かった場所には、やはり扉越しに康生の姿が見えた。

その扉の向こうには山下泰裕をはじめとするコーチ陣の姿も見えたが、なりふり構わず、明はその扉を開いた。

明が康生のもとへ向かうと、山下たちも遠慮し、その場を離れた。

そして明は、勢いのまま、感情の赴くまま康生の顔を2、3発殴り、瞬間的に思いついたそのままの言葉を伝えた。

「お前には、意地もプライドもないのか。勝負師として、意地とプライドを捨てたスポーツ選手は、もう終わりなんだ。このわずかな残された時間の中で、もう一度思い返せ」

そして、思いもしなかった言葉を口にする、明であった。

「お前は、ことあるごとに尊敬する先輩として篠原（信一）さんの名前をあげてきた。それは本当の気持ちか？」

「はい、そうです」

「今もか？」

「はい、そうです」

常々、康生は篠原を心から尊敬すると明に話していた。仏頂面《ぶっちょうづら》で、どこか横着《おうちゃく》そうにも見える篠原。しかし、彼ほど見えないところで努力する柔道家はいないという。

そして井上康生という人間を可愛がってくれた。関西方面で合宿があれば、必ず自宅に招き、栄養学の知識がある、妻の手料理を康生に食べさせた。篠原が宮崎県延岡市にある旭化成にまだ所属していた時、旭化成の練習をそっちのけで、康生のために、関西で行われた練習に付き合ってくれたこともあった。

康生に頼まれて明が篠原にお礼の贈り物をすると、必ずその三日後には家族だけでは食べきることができないほどのお返しが、宮崎に届いた。

心の底から尊敬する篠原。だからこそ、負けても勝っても、康生は何度でも勝負を挑むことができたのである。

「篠原さんは、今日の試合をもって引退を宣言しているんだぞ。お前も聞いているだろ？　ならばその先輩を送り出してやるのは、桂治か？　棟田か？　それともお前か？」

これまでの恩返しとして、篠原に勝利し、心の中で「先輩、お疲れさまでした」と、あの栄光の天皇杯をプレゼントする。それがお前に課せられた使命ではないか。

明の言葉を受けて康生は、涙をポロリと落とし、

「分かりました、はい」

とだけ答えた。

「さすが俺の息子たちだな」

明の叱咤《しった》の後、準々決勝高山一樹（警視庁）戦を一本（大内刈り）で勝ち上がった康生。

準決勝の対戦相手は森大助（北海道警察）。

その直前の試合、準決勝第1試合で、篠原信一と鈴木桂治の試合が行われた。

結局、井上康生と篠原信一が、この日戦うことはなかった。

康生のライバル・鈴木桂治が、篠原を判定で破ったからである。

この一戦にも、会場は大いに沸いた。

マスコミの事前の報道で、篠原がこの大会に引退をかけていることは、周知の事実であり、シドニーで悲運（誤審）に泣いた篠原の最後の雄姿を、皆が見守るような雰囲気の中、鈴木桂治はその篠原に勝利した。

この試合を、次の試合を控えて試合場の脇、目前で見ていた康生。

観客の大拍手に送られて、篠原が試合場を後にした。

篠原の敗戦という心の動揺が、康生の柔道にどのような影響を及ぼすのか。その一点にだけ私は注目していた。

さすが、勇者だった。勝負師だった。

康生は、気負うことなく、冷静に己の柔道に徹し、完璧の内容（背負い投げ）で森大助に一本勝ちした。

叱咤により、康生が一変した。明白だった。

それを痛感したのは私だけでなく明も同様だった。

「2回戦から4回戦の柔道が不調と言っていいほどの内容だった。そんな状況の中で、普通の選手ならば、誰かがひと声をかけたから、あるいは誰かの声援を受けたからといって、内容までが一変するということはあり得ないことです。

そこが、康生の他の選手と異なる部分、超一流の柔道家であるところでしょう。一発の張り（実際には何発も顔を張っていたというが…）と、自分でも何を言っているのか分からないくらいに康生に訴えたことが、あれだけ内容を一変させた。私自身、うれし泣きしてしまう場面でした」

決勝戦で、康生が2002年の決勝を上回る内容で篠原に勝利し、篠原に有終の美を飾ってもらうというのが、明がこの全日本に抱いていた願いであった。しかし、対戦相手が鈴木桂治に変わったとしても、康生が篠原のためにも戦っていることが、明にも伝わってきていた。もちろん、直前の体重別選手権で負けていることも、いざ鈴木桂治と戦うにいたって大きな原動力になったことは確かだろう。

そして決勝戦で鈴木を投げた内股は、まさしく本来の康生の内股であり、相手の一瞬の隙をついて爆発する、明の内股でもあった。それは、2、3回戦からすれば、別人のように私には感じられた。

康生にとって、父であり、師である自分に、その役割からの行動をいち早くうながした長男・将明。その将明のひと声により、明は康生の元に出向き叱咤激励をし、不調から本来の柔道を取り戻した康生。

「さすが、俺の息子（たち）だな」

家族のつながりと、それを受けた康生の戦いを見て、明は心の中で、そうつぶやいたのである。

がっかりという気持ちも起きなかった康生の敗北

一年後、全日本選手権決勝で、再び鈴木桂治と戦うことになった康生。

しかし、立場は、去年と全く逆となった。

「井上康生も去年は、体重別選手権でお前に負けたことによって奮起し、全日本選手権で優勝したんだ」

そう檄を飛ばされ、鈴木桂治は、昨年井上康生が置かれた立場に自らをあてはめていたという。

一方、明は家族が一丸となって勝利した、2004年体重別選手権の余韻を心のぬくもりとして、この大会へと臨んでいた。

2004年の最大の目標はアテネオリンピック。まずその代表権を体重別で事実上手にしたことにより、どこか安堵《あんど》している明がいたのも事実であっただろう。

この日の康生は、痛めている靭帯の怪我の影響が強く見てとれた。動きがちぐはぐしているようだった。左膝を怪我したことにより、右肩が上がらなくなってしまったというが、右肩だけでなく、全身のいたるところで左膝をかばい合うような動きにすら私には見えた。

トレーナーの池田高士によると、この日康生が打った痛み止めの注射は3本にも及んだという。怪我の状況を池田から聞いていた明は、一年前のように、康生に対し、叱咤激励をするということはなかった。だが、そんな中でも康生は気力だけで戦い抜き、ついに決勝戦までコマを進めていったのだ。そしてそこで待っていたのは、やはり一年前と同じ鈴木桂治であった。

康生対鈴木の決勝戦は、わずかのポイント差で、鈴木桂治が勝利した。

その直前、康生が日本武道館の外で「ハッ、ハッ、ハッ」と大きな声を出しているのを明は目撃している。そしてその時、コンクリートの隙間から、

「おーい、あと一試合だ。全力で頑張れ。同じ事を毎回言うようだけれども、意地とプライドを持って戦えよ。今日の内容は問わないから」

と声をかけたという。そして試合後には、

「こんな怪我の状態で、よく頑張った。よくぞ決勝までいくことができた」

とだけ伝えた。

アテネで、大輪の花を咲かせよ

試合後の共同記者会見で、決勝戦の中盤、康生が膝を畳につけて何かを気にしているような仕草をみせたシーンについて質問が飛んだ。

「目にゴミが入っただけです」

それがウソであることは、明白だった。

私が池田から聞いた話によると、康生は準決勝で右足を払われ、左足だけでなく右足までも負傷したのではないか、そして決勝戦でも再び、右足を払われ、その痛みからか、すぐに立ち上がることができなかったのではないか、と池田は推測している。

試合場で、すぐには動き出せないほどの痛みを堪《た》え、康生は目を気にするそぶりをし、両膝の状態を隠そうとしたのではないかと私は思う。

考え過ぎかもしれないが、この記者会見でも、悔しさをひた隠し、冷静に質問に答える康生がいた。

体調が最悪の状況の中で、プライドと精神力だけで決勝まで上り詰めることができた。康生も、自分で納得できる試合ができないことは分かっていたことだろう。勝負の世界は、それが試合前であろうと試合中であろうと、怪我をした者が負け。だが、例え怪我をしても、試合において意地とプライドを決して捨ててはならない。それを実行し、経験できた意味では、この全日本選手権大会は大きな意義を持つことができたのではないか。

明も、その点に関して同感だったようである。

「不思議と、がっかりする気持ちも、悔しさもありませんでした」

大会後、康生のアテネオリンピック100kg級の代表が正式に決まった。

この代表権を得るにいたる過程には、同じ100kg級を戦う智和や、長男将明、あるいは亡きかず子、そして何より師である父明の力が大きく作用した。まさしく、家族が一丸となったことで、手にすることのできた代表権だった。

そして、師である明はアテネを前に「家族のために」というテーマを康生に与えた。

時に過度の期待を明より受ける康生だが、その期待をこれまでは力にすることができた。

明の、アテネオリンピックにかけた思いは、誰よりも大きい。

「アテネでお前の柔道家としての真価が問われる。親としては、プレッシャーをお前にかけたくはないけれども、お前はそれを跳ね返す力を持っている。だからこそ言うが、シドニーでのお前は、つぼみをつけたにすぎない。アテネで、大輪の花を咲かせよ」

しかし、康生という苗木は、アテネで花を咲かせることはなかった。

もしかしたら、康生にとって力となるはずの自分の期待が逆に彼を苦しめてしまったのではないだろうか。

敗北のあと、明は自身を責めた。

「康生の敗因が自分にあるのではないか。プレッシャーを与えていたのは私ではなかったか」

しかし、本章であげた3大会を振り返っただけでも分かるように、康生は明の期待を、そして家族の期待を、自らの力にして、勝利を積み、重ねてきたのである。

康生にとって師であり父親である明の言葉、存在は、決して康生にとってプレッシャーとなりうる類のものではないと私は思うのである。

アテネでの敗北は、やはり康生自身の中に、何かしらの変化があったことから喫した屈辱ではなかったのか。

明は、アテネに臨む最後の手紙に、

「試合では内股を意識しろ」

と書いている。

確かに、あの日の康生は、内股に固執しすぎているように見えた。

なぜか、なぜなのか。

繰り返すが、明の言葉が過度のプレッシャーとしてのしかかり、康生の柔道を妨げたのではないだろう。

明の言葉が重荷となったのではなく、康生自身が、父とともに築き上げた内股に頼らざるを得ないような状況であったのではないか。つまり康生自身があの日、アテネの日に抱えていた、何かしらの葛藤、不安をうち消すために、父と築き上げた内股を「救い」にしたのではないだろうか。

敗北の直後は、康生の敗因が自分にあるのではないか、と感じていた明であるが、あの日から一ヶ月を経た9月、その気持ちに変化はないのだろうか。

私は、もう一度康生の敗北に関して明に話を聞くために、再び宮崎の彼のもとを訪ねた。

第三章

2004年9月あの日から一ヶ月

アテネでの敗北、それは康生にとって、そして父明にとって何だったのか

今日が試合の日だったら…

8月22日にアテネから帰国して、それから2週間もの間、井上明は、ベッドから立ち上がることができず、寝込む日々が続いたという。

電話に出たくない、人にも会いたくない。

だが、壮行会などでお世話になった人々に挨拶回りをしなければならない。「申し訳ございません、申し訳ございません」でなく、勝利して「おかげさまで、おかげさまで」と報告して廻る方が、どれだけ気分がラクなことか。

人間は無気力になると、こんなにも様《さま》のない姿になってしまうのか。自分のことながら、明はその変わり様《よう》に驚きをおぼえたという。

アテネでの残念会の席では多くの人に励まされ、「俺がこれじゃいかん」と勇気づけられた。また康生自身も目標を新たに力強い「北京を目指す」という言葉を発していた。だが、帰国して自宅に戻ってみると、再びあの敗戦のショックが明の心を覆い、ベッドから離れることができなかった。

試合の翌日、朝食の席で、

「今日が試合の日だったら」

明は、そうつぶやいた。

さらに、日を経ても、

「もう一度、康生にチャンスを与えてくれないか」

よく明が言う神という存在へ向けてのものなのか、あるいは亡きかず子へ向けてのものなのか、天に向かってそう願うこともあったという。

もう、あの井上康生が負けた日から、一ヶ月が過ぎた。オリンピックは終わり、テレビでは、メダリストたちが、笑顔を振りまいている。

ついつい、私が目をとめてしまうのは、家族とともに戦った選手たちの映像である。兄が練習相手となり、3回目の挑戦で金メダルを獲得した柔道の阿武教子や、父である重信を師に持つハンマー投げの室伏広治。

栄光を手にした家族と、栄光を手にできなかった家族がある。

栄光を手にできなかった家族の、絶望の表情を目の当たりにした私は、阿武や室伏たちの感動の瞬間を見届ける度に、逆の立場にあたる明のあの小さくなった姿が目に浮かぶのだった。

9月下旬、再び宮崎を訪れた私には、明が敗北という結果を現実として受け入れようとはしているが、どこか、未だに信じられない気持ちが彼の心には強く残っているように感じられた。しかし、あの時、アテネで負けた直後の明とは違う、新たな歩みを踏み出そうとしている決意を携えた明がいるようにも見えた。

「息子・康生も、人間だった」

アテネで明が敗因を探る中で、康生が負けた原因は、人間であるがゆえの、プレッシャーにあるのではないかと、私に訴えてきた。だからこそ、明は自身を責めたのだった。

「ひょっとして康生に一番のプレッシャーを与えていたのは自分自身でなかったか」

ならば、今後の康生との接し方というものを、考え直さなければならないのではないか。そんなことさえ明は考えたのである。

明がこれまでに柔道家である康生に対しては、柔道の師として、そして父親として、それぞれがもつ「厳しさ」の面を前面に出して接することが多かった。しかし、実際は、父親としての明は、心の中には、息子に対する「厳しさ」だけでなく「優しさ」も豊かにあわせ持っている男であった。

だが、康生にとって父親であり、同時に師でもある明は、その父親としての「優しさ」の面は、表面化させることがないように自らに言い聞かせていた。なぜなら、時にはそれが、師としての「厳しさ」を矛盾させ、康生にとってもためにはならないと信じていたからである。

それゆえに、明は康生にとってあくまでも「厳しい」存在であることを自らに課し続けていたのである。親として息子の姿を常に見守り、時には、その努力に対して、抱きしめてねぎらってやりたい。そんな気持ちを胸に抱きつつも、表面に出すのは、「さらに努力しろ」という言葉。

それが息子の成長のために、あえて甘えることを許さない姿勢を常にしめし続ける明の姿であり、それは師としての「厳しさ」と父としての「厳しさ」を共に含んだ男の姿であった。

明は試合後の会見で、「これでやめたいのならば、やめればいい」と、康生に対して厳しい言葉を発している。それはテレビでも流れたようだが、中には親として冷徹すぎるという批判も出た。また、柔道関係者の中には、直接明に言ったわけではないが、明と康生の師弟関係に対して、「お父さんも、息子にプレッシャーを与えるのはやめてほしい」と批判する者がいる。

だが、明にしてみれば「やめたければ、やめればいい」という言葉は、息子を信じるが故の言葉であり、師として父として、本当に康生がそれで柔道をやめるような男ではないことを十分理解している上での厳しい言葉であった。

しかし、この敗北を受けて、明が自分を責めたのも事実であり、自分の「厳しさ」がそれほどまでに康生の心に大きなプレッシャーをかけ続け、ひいてはそのことがこの結果を導いたのであれば、康生との関係において「変えなければならないのか？」と自身に疑問符を投げかけたのも事実であったのである。

それほどまでに、この敗北のショックは明にとって大きかったのである。

その疑問に対する結論を出せないまま、ベッドの上での生活を明は過ごしていた。

そんな時、その明の気持ちを察したかのように、アテネで書いたと思われる康生からの手紙が届いたのである。

お前が望むなら俺はスタイルを変えない

残念会の席で康生が電話をしてきた時も、弱々しいながらも康生が力の限りを振り絞って「お父さん、ごめんね」と言ってくれた。その時に明は、なんと声をかけてあげるべきなのか、戸惑いをおぼえたという。数秒だったか、数十秒だったか、沈黙が続いた。その時、咄嗟《とっさ》に口から出た言葉は「逃げるな」というやはり厳しい一言であった。

康生はその言葉を素直に受け止めてくれたのか、主将として、敗北のあともアテネに残り、日本選手団の応援を続けた。

そして届いた手紙。

「申し訳ありませんでした。なんであんな柔道しかできなかったのか、現段階では分からない——。見捨てないでほしい。これからも見守って欲しい。必ず頑張る」

指を怪我しているためか、あるいはショックからなのか、「康生はこんなに字が下手だったか？」と思うほど、震えながら書いた字のようであったという。

「これまでと同じように、師という存在であってほしい、という気持ちを、手紙を通じて私に訴えてくれた。それを私が受けずして、誰が受けるのか」

見捨てないで欲しい――。

思えば、明が応援団の前で土下座をした時、口にした同じ言葉を、康生が明に向けて訴えてきているのである。やはり、この親子の師弟関係というのは、直接言葉を交わさずとも通じている、私にはそう感じられてならなかった。

「お前が望むなら、俺はスタイルを変えない」

明は、確かに自分を責めたわけだが、この康生からの手紙により、自らの力も今回は及ばなかったため、負けたようにも感じられたのではないか。ならば、これまで以上に、康生にとって厳しい師でいなければならないのではないか。

そして、北京を目指す、新たなる決意を携えることができた証として、明への手紙を康生が思いついたに違いない。明にはそう感じられたのではないか。

2週間もベッドから立ち上がれないほど､絶望の淵《ふち》に瀕《ひん》していた明であるが、再び立つ勇気を持つには、康生からの手紙だけで十分であった。直接、話をしたわけではない。文面からだけで、康生も北京へ向けてスタートしてくれていることを確信したのである。

この瞬間、明もまた、決意を新たに、これまで以上の師であり続けることを心に決めた。

自分がこれまでしてきたことは間違いとは思わない

明は康生の父親でもある。

しかし、小学生の時より、オリンピックを目指すということが家族の夢、いや現実的な目標となってからは、常に師という立場を、意識的にとっていた。

親心を息子に対して向けたい時もあったが、そこには必ず師としての明がいて、自分を律していた。

アテネに向けて、康生は苦しんだ。

みなの、日本国民の期待を一心に受け、応えようとした康生は、まさに死に物狂いで、アテネの頂を目指した。

それを一番理解しているのは、まぎれもない明であった。6月の福岡での合宿では、嘔吐しながら、全身を痙攣させながら自分を追い込む姿を、明は目撃している。

「よく頑張った」

時に、そう言って、頭をなでてやりたい気持ちもある。それが親として明が持つ、厳しいだけではない豊かな心である。

しかし、師である明は、あえてそういう類の言葉はかけずにいた。そしてこの敗北を受けて、明は「確かに最重要課題であった金メダルは獲ることができなかったが、何よりも過程が重要なんだ」と思えるようになっていた。

康生からの手紙がその思いをもたらしてくれた。

私には、明が康生にプレッシャーとして感じさせてしまったかもしれない「厳しさ」を、他ならぬ康生自身は挫折から立ち上がるための支えとして、あらためて望んでいるのではないかと思うのである。

康生は、「常にお父さんのために戦ってきた」と言う。

明の康生に対する情熱を、当然のことながら身にしみて誰よりも感じているのが康生である。自分に対し、人生のすべてを注いでくる父・明。

康生が今までの柔道の歩みを鑑《かんが》みた時に、何よりも支えとしたのは、父とともに築き上げた攻撃柔道であり、父の存在を心の拠り所としてきたのではないか。

だからこそ、アテネに向けての最終合宿を、明のいる宮崎で行ったり、明の柔道の指摘を、必死に実践しようとつとめたりする康生が見られたのである。

康生は、この明に出した手紙の中で「自分がこれまでしてきたことは、間違いとは思わない」とも語っているという。

その言葉はベッドに寝込む父親である明を、最も勇気づける一言であった。

敗北を受けて明が否定せざるを得なかった、この特異な父子の関係を、康生自身が肯定してくれる言葉であったからである。

康生にとっても、今まで以上に師の存在の必要性を痛感し、それを手紙という形で明に示したのであった。

井上家にとってアテネとは何だったのか

明はこれまで、大事な大会を前にして、必ず康生にテーマを与えて試合に臨ませてきた。

1999年の世界選手権の前には「死んだお母さんのために戦え」と言い、シドニーでは病に伏した佐藤宣践総監督の奥様の励みにもなるよう「二人のお母さんのために戦え」と伝えた。

そして今年4月の体重別選手権に望む際、明は康生に「俺のために戦ってくれ」と伝えている。病状が芳しくない自らを鑑みて口にした、弱気な一言であった。

その時康生から「冗談じゃない、これまでもずっと根本的にはお父さんのために戦ってきたんだ」と指摘された明は、アテネに向けてのテーマを「家族のために戦ってくれ」と修正した。

ならば、井上家にとってアテネとは何だったのか?

アテネで同じ質問を私がした時、「今は即答できない」と話した明であったが、絶望の淵から立ち直った今ならば、その答えが少しずつ見えてきたのではないかと思ったのである。

「負けて良かったのかな、という気持ちも生まれた。2週間寝込むほどのショック、屈辱というべきショックを味わったのも事実。ただ、私自身、今一番に思っているのは、康生を応援してくれる人々やファンが、敗北を受けても今まで以上に純粋に、そして暖かい心で康生を見守ってくれている。応援してくれる方々に対する感謝の気持ちが、これまで以上に強くなった。

さらに、私と康生との関係について、立ち止まって考える機会を与えてくれ、そして、これまでのそのあり方について、より深く、より強く今後もさせていく決意を与えてくれました」

私もこの時、明から「負けて良かった」という言葉が返ってくるのではないかと思っていた。勝った時の喜び、責任を果たした達成感、それらとは違うものかもしれないが、負けた時にしか手に入れることのできない何かが、きっと明をはじめとする家族の間にはあるのではないかと考えていたからである。見事、明はその言葉において、このアテネを総括してくれた。

負けたことによって家族の絆がさらに深まった。それは、父として最も喜ばしい面であろう。さらにこの敗北は、師弟の絆を否定するものではなく、むしろ強めてくれた。この結果は、師弟の歩みに新たな試練の道が現れただけなのである。

それゆえ、この試練を乗り越えた時に得られる栄光。それは、これまでの栄光とは比べものにならないぐらいの価値あるものではないか。

もちろん、そう思わなければ再び立つことができない面もあるだろう。

しかし、私には、明が負け惜しみでなく、負けて得られたものがゼロでなかったことを、確信しているようにみえた。

そこに、アテネで小さくなっていた、弱々しい父、そして師である明の姿は消えていた。

ライバル・鈴木桂治の金メダル

康生の試合の翌日となる8月20日、鈴木桂治は、金メダルを獲得した。

鈴木桂治という康生にとってのライバルが、100kg超級を戦っている時、応援団はアテネ観光を終え、ホテルのロビーにあるテレビで、みんなで静かに観戦していた。その時、明は自室にこもり、横になっていた。

明にしてみれば、康生のライバルが金メダルを獲得することに、心地よいはずがないだろう。しかし、鈴木桂治が金メダルを獲ったことの、素直な気持ちを明かして欲しいと、私は明にお願いしてみた。

「鈴木君が出場した100kg超級、つまり最重量の階級で優勝することが、康生にとって昔からの夢だった。正直なところ、はじめは、人間は愚かなもので申し訳ないけれども、鈴木君が負けてくれれば……という気持ちがあったのは事実。しかし、気持ちが落ち着く中で思うのは、鈴木君の金メダルをうらやむ一方で、康生のためにも彼が金メダルを獲ってくれて良かった。ライバルの勝利が、康生に新たなパワーをもたらしてくれる。そう思えるようになった」

明は鈴木桂治の金メダルを妬《ねた》んでいるわけでは、もちろん、ない。ただ一方で、明の持つライバル心として、彼の金メダルが康生の柔道家としての火を、再度燃やしてくれると思ったのである。

明は北京へ向けて、今後は「一からのスタート」でなく、「0《ゼロ》からのスタート」だと言う。

アテネは、康生の真価が問われる大会としていたが、それに勝利することができなかった。しかし、負けた時にこそ発揮される、柔道家・井上康生の真の強さというのもあるのではないか。

アテネの日まで築き上げてきた栄光はたった一日で崩されてしまった。挫折を味わった。しかし、そこから這い上がっていくことにこそ、康生の真価が問われるのではないだろうか。

以前、明がこのようなことを言っていたことを思い出した。

「超一流の選手というのは何十年の間に一人しか現れない。親バカと言われるかもしれませんが、康生はまさにその超一流選手に思えてならないのです。全日本選手権やオリンピックに出る選手はみな一流選手ですが、超一流選手というのは、他の人にはない華がある。そして観客やファンに対して感動を与えることができる、選ばれし者なのです」

そして康生のことを超一流と同様の「努力に裏打ちされた天才」という。

天賦の才能でもって栄光を勝ち取る選手がいる。康生も天賦の才能を持ち合わせてはいるが、それに加えて努力による裏打ちがある。だからこそ、さまざまな苦難を乗り越え、時には絶望に近い挫折を味わいながらも、栄光を手にすることができた。

また、昨年の全日本選手権のように、調子が上がらない中、勝ち進むにつれて本来の柔道を取り戻すような神業が――そこには明の激励も手伝ったが――可能となるのも、超一流選手の証なのである。

明にしてみれば、アテネでの敗北は超一流としての真価を康生に問うために天が彼に与えた試練ではないかと思ったのではないだろうか。

だからこそ、「一から」でなく、すべてリセットするという意味で、「0からのスタート」と言ったのではないかと思うのである。

今後、改めて4年間の道のりをスタートする中で、再び勝利を重ねていくことができるかどうかは分からない。まさに苦難の道のりが待っている。

今回、鈴木桂治が勝利した。

勝利によって得られる自信、誇り、力。

それを凌駕する柔道を、井上康生は志さなければならない。

そのためには、気持ちも、技術も、一度リセットしなければならないと明は考えているのではないか。

ならば、師弟の関係にある明と康生は、どのようなリスタートをきるのだろうか。

技術的な修正点〜康生の内股を取り戻すために〜

敗因の第一として、やはりプレッシャーがあったのではないかとする一方で、確かに康生の柔道には、昨年頃からほころびがあったことに明は気付いていた。

康生が宮崎に帰ってきたら、まずはおいしいものを一緒に食べたいと願う父・

明だが、同時に師・明として絶対に指摘しなければならない、柔道の改善点があるという。

「大阪世界選手権の頃から、康生が釣り手を、相手の奥襟や肩口を取るようになった。これでどうして力に勝る外国人選手を投げることができようか。奥襟でなく、正しく前襟をとるように修正をうながした」

井上康生を研究する海外の柔道家、とりわけヨーロッパの柔道家たちは、身をかがめて、前傾する姿勢で、康生に組ませようとしない。それゆえ、康生の柔道が、容易に取りやすい奥襟を取り、上半身で相手を力で押さえつけるような柔道になっていたという。

しかし奥襟を取ることは容易だが、上半身が相手と密着してしまうため、内股をかけようとした時に、十分に腰が回転しないという難点がある。さらに、いざ投げようとすると、力の勝る外国人選手は釣り手をはずし、康生は自ら倒れ込んでしまう。前襟に親指を突っ込むようにして釣り手を取れば、いくら力の強い外国人であろうとも、簡単にははずすことができない。

そして組み手争いの際に前襟を取るためには、足技を多用し、下半身から襟を取らせないようにしている相手の姿勢を崩すことができれば、前襟は取りやすくなると明は指摘し、また、それに康生は完璧に応えていたように見えた。しかし、アテネでの大会当日、その足技が康生に使われることはなかった。

その結果、今回の5試合では、奥襟を取り内股などをしかけても、相手に釣り手をきられ、前のめりになるようなシーンが多く見られた。釣り手は、井上康生の攻撃柔道の生命線なのである。

だが、例えば、奥襟を取っていたとしても、康生ほどの選手ならばタイミングをうまくはかれば、内股を決めることはできる。しかし、そのタイミングも試合ではまったくうまくとれていなかった。

「私に言わせれば、無茶苦茶です。ばらんばらんです」

その他にも、小さなミスは数多くあげられるかもしれない。しかし、やはり、今大会の康生の柔道において、もっとも致命的となった技術的な欠点は、彼が足技をまったく見せることがなかったことであろう。

康生は、警視庁の練習、そして延岡合宿、さらには前日練習に至るまで、ひたすら足技を練習していた。

康生が自ら考えてのことか、相手との組み際に出足払いをする練習を繰り返し、繰り返し行っていた。明をして「鈴木桂治君の足技よりもすごい」と言わしめた足技だった。しかし、その技を一度も見ることはなかった。

4回戦、あれほど疲弊したバンデギーストに対して、この技が出ていれば、簡単に勝負は決したのではないだろうか。試合で使えないような技をなぜ康生は練習してきたのか。

「基本的に、康生の柔道は出来上がっています。だから技術的な修正点は、釣り手の取る場所だけです。それが北京へのスタートです。もしプレッシャーによって自信がなくなり、あんな柔道しかできなかったのであれば、その点に関しては康生自身で克服していかなければならない部分でしょう。私も言葉が浮かびません。自分を信じる力、それがプレッシャーを打開していくものでしょうから」

康生が、前日まで練習していたという足技が全く試合で出なかったという事実は、明にも理解できなかったことである。

私も、試合を見ていて、返されるのを警戒してか、足技を出すことを恐れているような雰囲気すら康生に感じられた。その理由は、外国人選手が康生との勝負においていかにすれば投げられないかを研究してきたところにもあるだろう。しかし、それ以上に返されるのを恐れず、技を掛けきることの自信があの時の康生に欠如していたことは、事実だろう。

さらに、足技を出せないにも関わらず、第一章でも書いたが、康生は、内股に固執しているようにみえた。それは父が手紙に書いた「内股を意識しなさい」という言葉を真に受けすぎての行動でなく、明と築き上げた内股に頼らざるを得なかったのではないか、と私は分析した。

その内股に頼ったという事実の裏には、康生の心の内が影響しているように私には思われた。

誰も気付くことのできなかった、康生が抱えていた不安

怪我はほぼ全快した。願ってもいない形で、最終合宿を延岡で行うことができた。延岡では、柔道を志した時の最初の師範、警察少年柔道クラブの岡本龍や当時通っていた幼稚園を訪ね、気持ちの面でも原点に立ち返った。主将という大役も康生は力にするだろう、と確信した。アテネに入って、暑さも全く気にならなかった。試合当日は、兄の智和が練習パートナーをつとめることになった。

私にも出来過ぎと思えるほど、すべてが万全であるかに見えた。明たち家族も万策を尽くした。6月の壮行会から、8月に入っての祈願祭。さらに6月の福岡合宿、7月の警視庁合宿、8月の延岡合宿と、明自身も足を運び、自らの目で康生の仕上がりを確認することができた。

のちに、「過信していたかもしれない」と回帰するわけだが、アテネに入る

まで不安なく金メダルを確信し、いや過信しすぎるあまり康生への目を曇らせていたのではないかと明は気付いたのである。

試合当日になって、康生にあれだけ集中的に練習した足技を出せなくさせたプレッシャーの原因とは何だったのか。確かに明を含め、多くの人間の大きすぎる期待を一身に背負っていたことも、その中の一つではあったかもしれないが、単にそれだけではなかったのではないか。

帰国し、冷静になった時に、初めて明は見えてきたという。

「そういえば、今年、大舞台の上での康生らしい柔道を、一度も見ていないじゃないか」

4月の体重別選手権と全日本選手権は、第一の目標であったアテネ代表権を智和の大きな援護射撃で獲得することができたため、康生の柔道そのものには、大怪我を理由に目を向けることができなかった。

ひとり、康生は、なかなか自らの柔道ができないという不安を抱えてアテネを迎えたのではないか。

その不安ゆえに、福岡では全身が痙攣するほど自らを追い込み、また最終合宿を明のもとで行ったり、さらに何かしらの原動力とするために、延岡でお世話になった人々を訪ねたりしたのではないか。

試合前夜、康生は明に電話をしてこなかった。明には、これこそ自信の現れだと嬉しく思ったわけだが、帰国して私は明に訊ねたのである。

「自らが抱える不安を明さんに悟られたくないため、康生君は電話をしなかったのではないでしょうか」

すると明は、

「肉体的な怪我というものから困じて、心理的な怪我を引きずっていたのかもしれませんね」

とつぶやいた。

不安を口には出せないままに、自らも自信を回復できないままに、アテネに入ったのではないか、と。

明は、誰よりも理解していたつもりの康生が、一人不安を、悩みを抱えていたことに気付いてあげられなかったことを悔やむ。

確かに自分は、師としても父としても厳しい存在であり、その自分に対して、不安な自らの胸のうちを口にするなどということは、想像以上に難しいことかもしれない。しかし、自分の厳しさは、あくまでも康生の味方としての厳しさである。だからこそ、大きな不安を心に抱えているのだとしたら、その時には、隠さずに自分には打ち明けてもらいたかったと思う、と明は言う。

だが、康生がそうすることはなかった。そして、もしかしたら、それも彼の柔道家としての「意地とプライド」だったのかもしれない。

ただし、父への信頼の証は、試合中、内股に固執するような柔道に表れた。あの日の康生にとって、頼るべきものが、父と築いた内股しかなかったのではないかと私は思うのである。

明だけではない。誰一人、康生が抱えていた不安、自信の欠如に気づいてあげることができなかった。いや、康生が、見事、自らを隠し通した。

みな、帰国して思うのである。

「なぜ、あの時、気付いてあげられなかったのか」

しかし、それは康生が選んだ道である。康生は、貝になり、目の前に立ちふさがる壁を自らの力だけで打開しようとした。それができなかった。

奇しくも、明が試合直後に語った言葉が脳裏に浮かぶ。

康生も、人間だった――。

「このまま終わる康生ではない」

「なぜ？　なぜ？　あの康生が負けるはずがない」

いまだ、あの敗北を認めることができない明がいるのも事実である。

しかし、北京へ向けて気持ちを切り替えなければならない。

「このまま終わる康生じゃないし、終わらせたくもない。いろいろな方からの声援をいただいた。康生の敗北を受けても、夢を抱いていただいていることに何より感謝し、そのことにおいて康生も誇りに思って戦って欲しい」

その第一歩として、来年にはカイロで開かれる世界選手権が待っている。まずは、その代表を決める来年4月の体重別選手権である。

アテネオリンピック100kg超級チャンピオン、ライバルの鈴木桂治は再び100kg級で戦うことを宣言した。康生への宣戦布告である。

「こうなったからには、康生も100kg級に専念して、今度はチャレンジャーとして鈴木君に立ち向かっていかなければならない」

地の底に墜ちたアスリートが這い上がる姿は、美しい。

しかし、戦う本人にとっては、そんなきれい事ではすまされない、これまで以上に大きな山を乗り越えていかねばならない。

明は、康生との関係に疑問を投げかけた。これまでの歩みを否定することであるがゆえに、苦しんだ。

再び、康生と共に歩くことを決意させたのは康生からの手紙だった。

そして、人間・井上康生にとって必要なのは、師である明自身であることを、親心として改めて痛感したのである。

明は、誰からなんと言われようとも、このスタイルを、毅然とした態度でとり続ける決心をした。

「康生を励まし、我が子を信じ、康生の再度の栄光を夢見る。時に親心を全面に出したいこともありますが、これからも師として、厳しく、康生の柔道を支えていきたいと思う」

弱いお父さんの姿をみせても、康生が復活することはない。

なんとも微笑ましいエピソードがある。

明は、アテネより帰国して、再び地元の宮崎日大高校女子柔道部の臨時コーチをつとめているのだが、指導する生徒を前にして、

「申し訳ないが、俺はお前と稽古をしているのではない。お前を、康生だと思って稽古をするんだ！」

そう声を荒げながら、女子生徒とともに、師弟の関係にある康生を育ててい

るような気持ちで、指導に当たっているという。

「明さんらしいな」

私は、この話を聞いて嬉しくなった。

このような父、そして師の姿が井上康生という不世出の柔道家を生んだのであり、そして、再び明もいよいよ、北京へ向けて歩き始めたのである。

第四章

アテネで康生に欠けていたもの

2000年のシドニーオリンピックでは栄光を手にした康生。「母のために」と前年に亡くなった和子に金メダルを捧げることを誓い、戦いに臨んだ（写真：著者）

井上康生と高野裕光

前章で、アテネより帰国し、冷静になった井上康生の父・明を取材することによって、ようやく康生の敗因というものが、漠然とだが、見えてきた。

康生は、自らの自信を回復できないままに、アテネへと臨んだのではないか、と。

しかし、帰国して、柔道関係者が康生の敗因を「オーバーワーク」としている点を見逃すわけにはいかないだろう。これは明の取材の中からは、敗因としてあげられなかった要素である。

私は、アテネに至るまでの合宿等を康生がどのように取り組んでいたか、より康生の側近くで見守っていた人物に話を聞き、その真偽を探ろうとした。

明の取材を終えて、東京に戻った私は、10月上旬、学生大会のために日本武道館を訪れていた福岡大学柔道部監督の高野裕光のもとへ向かった。

高野といえば、ロサンゼルスオリンピック78kg級の代表であり、１９９２年から２０００年のシドニーオリンピックまで全日本男子のコーチをつとめた人物。

ちょうど、康生が１９９８年バンコクアジア大会、１９９９年バーミンガム世界選手権、２０００年のシドニーオリンピックと、世界の舞台を駆け上がっていった時期に、１００kg級の担当コーチとして、康生を支えていたのである。

それゆえ、康生も、最も成長過程にあった時期に指導を受けた高野に対する信頼は、今も厚い。そして、世界チャンピオンたる井上康生に対して、面と向かって檄を飛ばすことのできる指導者が数少ない中で、高野は今も、竹刀を振りかざし、康生に厳しい練習を課すことのできる数少ない指導者なのである。

「康生は私の宝物なのです」

高野は、自身がロサンゼルスオリンピックで破れたことと（５位）、コーチとして臨んだ１９９６年のアトランタオリンピックで86kg級の吉田秀彦と95kg級の中村佳央が、ともに金メダルを獲ることができず、担当して金メダルを獲ることができた選手が唯一康生であっただけに、その立場を離れても、特別な想いを胸に、康生と時間を共にしてきた。

ここまでも度々述べてきたが、アテネオリンピックを2ヶ月後に控えた6月の福岡大学での合宿で、康生は吐き気や下痢におそわれ、また全身を痙攣させながらも練習を行ったという。それは、視察に訪れた父・明も、掛ける言葉がみあたらないほど、壮絶な風景だった。

そして、練習を終えた康生と高野は、康生がはじめて世界一に輝いた1999年バーミンガム世界選手権のビデオを観ていたというのである。アテネに臨むにあたって康生は「原点に戻る」と公言し、そのためにバーミンガム世界選手権のビデオを観ているということを取材で語っていた。

「あの頃の、ひたむきに、がむしゃらに柔道に取り組んでいる姿勢が、今の自分にあるか」

それを確認させるため、ビデオを観ることをすすめたのが高野であったのである。

オーバーワークと、康生にとっての燃えるもの

シドニーオリンピックでのエピソードがある。

試合当日の朝、計量のために高野が康生を起こしにいくと、康生はまだ自室で眠っていた。試合場へ向かう時も、康生は高野との待ち合わせの時間になっても、再び眠っていた。康生には、まったく緊張の様子がなかったという。

結局、試合前に食事を取ることができなかったため、心配する高野をよそに、康生は「大丈夫ですよ」と、笑いながら高野の肩をポンと叩いてきたというのである。

そして優勝が決まった時、

「ねっ、先生、勝つと言ったでしょ？　これで良かったですか（笑）」

あっけらかんと言ってのけた。なんと図太いやつなのか。高野は唖然とした。

オリンピックという大舞台にもかかわらず、平然と戦いにのぞみ、オール一本

という完璧の内容で金メダルを獲得した。試合前に見せた康生の余裕は、強者の証であった。

「俺は、弱いからロサンゼルスオリンピックで負けたんだ」

強い者が勝つ、ただそれだけの世界であることを、高野は康生に教えられた気がしたのである。

「今回の康生君に余裕は感じられましたか？」

そう訊ねると、彼は黙って首を横に振った。

そして、やはり高野も、敗因の第一を「オーバーワーク」だという。

「試合の3日ぐらい前から、傍目にも追い込み過ぎているように見えた。水をやたらと飲み、疲れているようだった。そんな状態にも関わらず、どうして試合前日にあんなハードな練習をするのか」

試合前日、康生は1時間30分もの間、練習を行っている。それは、軽い調整というような類のものではなく、普段と何も変わらない練習であった。確かにシドニーでも同様の調整を行ったわけだが、アテネでは何かが違った。

三人を相手に連続して打ち込みを行い、腕の筋肉をぱんぱんに張らしていたという。乱取りは行わなかったが、投げ込みや足技の練習を重点的に行っていた。

高野の取材に同席してもらった康生の親友でありトレーナーの池田高士が康生のアテネに入ってからの体調面について補足する。

「3月に怪我をして、それによって肩が上がらなくなったりした。今思えば、自分が思うように体が動かず、康生はそのことに対していらついたり、焦ったりしていたかもしれない。前日、マッサージをしていて、大阪世界選手権の時などと比べて康生の筋肉に張りが感じられなかった。微妙な感覚ですが、康生にしてみれば、もう少し筋肉の張りが欲しかったんだと思う。だからこそ前日にも関わらず、筋肉に対して負荷をかけるトレーニングを意識的に行っていたのではないか。それが裏目にでたのかもしれない」

しかし、なぜ康生は自らをそこまで追い込もうとしたのか。シドニーで持つことのできた余裕が、今回のアテネに向けてはなぜ持つことができなかったのか。

高野は、

「アテネでは、康生にとっての発憤材料、つまり康生の中に〝燃えるもの〟がなかったのではないか。あらゆるタイトルを獲ってしまった康生だから」と語る。

勝ち続ければ、当然のように金メダルを期待される。

しかし、アテネでは、「お母さんのために」「初めての世界チャンピオンへ」「二階級制覇!」といった、これまで康生が力にしてきたような〝燃えるもの〟が今回はなかったというのである。

一度手にした金メダルを、再び獲得するということは、康生にとって〝燃えるもの〟では決してなく、責務でしかなかったのかもしれない。

今のままでは鈴木桂治には勝てない

康生の父・明は、大阪世界選手権の頃から、康生が相手と組み合う際、釣り手を取る位置が相手の奥襟付近になっており、それによって、康生本来の柔道ができなくなっていたとも語っている。

相手の奥襟を取れば、上半身が相手と密着するため、内股をかける際に自らの腰が十分に回転せず、相手を跳ね上げることができないということを指摘していた。

高野も、このアテネでの戦いを見て、康生の柔道や外国人選手の康生対策に以前とは違う何かを感じていたのだろうか。

「お父さんの言うように、釣り手は前襟を取らなければならないのです。そして今回の対戦相手は、康生に対して低く構え、わざと奥襟を取らせて、康生の内股を誘った。内股という技は、くると分かっていたら透かしやすい。だから内股を透かされる場面が目立ちましたよね？　康生は相手の誘いにのり、自滅してしまった。

前襟を持っていれば、その釣り手で相手を動かすことができ、さらに自らの足を動かすことができたのです。小さいステップを踏みながら内股をかける、これがあいつの内股なんです」

釣り手を取る位置の重要性について、明と全く同一の見解を示した高野である。さらに続ける。

「康生の柔道は長持ちするような柔道ではない。厳しいことを言うようですが、私は来年（２００５年）のカイロ世界選手権が、康生の選手として最後の世界大会になるんじゃないかと思っている」

高野は、康生の柔道は瞬発力とリズムの柔道だという。

一発で相手を跳ね上げる康生の突出した瞬発力。しかし一般的に瞬発力は年齢とともに衰えていくものである。そして、足でステップを踏み、リズムを取りながら戦うスタイルであるため、そのリズムを相手に覚えられると技がかからなくなる恐れもあるという。

今回、康生本来の柔道が見られなかったのは、心理的な要素が大きいが、それとともに、相手に柔道のリズムを覚えられたこともあるのではないか、と高野は解説する。

ならば今、それを打開すべく、または補うべく、そして夢を北京オリンピックまで持続させるため康生に必要なものとは何か。

「やはり燃えるもの、今ならば階級を変えることでしょう。修正点はありますが、康生はすでに完成した選手。１００kg級で獲るべきものをすべて獲ったのだから、本来ならばアテネでは１００kg超級で挑戦するべきだった。ただし、アテネで負けた今、来年4月の体重別選手権で階級を変更したら、鈴木桂治から逃げることになる。

ここが難しいところですが、来年は体重別には出場せず、全日本選手権だけにかけて、鈴木桂治に挑んでいったほうがいい」

しかし、第三者が見る夢として、康生の世界選手権二階級制覇がある。来年の体重別選手権、100kg級で鈴木桂治に勝ち、全日本選手権で再び優勝し、カイロの世界選手権には無差別級と100kg級の二階級に出場するのが、アテネで負けた康生の復活劇としては最高ではないか。

体重別に出場しないとなれば、事実上、二階級挑戦の道は閉ざされると言っていい。

「それはもちろんのことです。しかし、アテネの時の康生の状態のままでは難しい。そこまでの力があいつにはない。

二階級制覇は、2003年の大阪世界選手権で達成しておかなければならなかった」

つまり、現段階では鈴木桂治の方が実力は上だと？

「そうです、鈴木桂治には勝てません。勢い、そして金メダルを獲得したことによる自負……。

それを凌駕するだけの力が、今の康生にはない。来年は全日本選手権にかけて、もう後がないという状況を作る。全日本選手権で鈴木桂治に勝つこと、それをあいつ自身の燃えるものとして、挑んでいく。それで負けたら……もう何も残らない」

厳しい意見である。

しかし、この言葉の裏には、当然のごとく、康生への大きな期待、愛情が込められている。

高野はこの日の取材中、何度も目に涙をためて、康生の敗北を悔しがった。

高野は、パーキンソン病とも戦う。

今回、医者の忠告を無視して、まさに命がけで、康生のサポートのために、アテネの地に立った。

「もう私と康生は何の関係もない。昔の担当コーチと選手の関係だけですから」

と言う一方で、康生に対し意見を言い、無念の敗北に、初対面の私を前にしても涙を流す――彼は康生の復活を、明と同じように強く信じている、まぎれもない一人なのである。

「今のままでは鈴木桂治に勝てない」

この言葉を聞いた康生は、必ず奮起してくれる。

そういう大いなる期待を込めた言葉に、私は聞こえた。


明が語っていたように、今回の敗北に、心理的な不安がかかわっていたとするならば、高野が明かしてくれたように、それが原因となりオーバーワークまでも引き起こしていたという事実も理解できるような気がする。

燃えるものを見出せない、そして怪我から困じた康生の不安が、焦りを生み、練習に没頭する。

池田は、

「康生は、休み方をしらない」

という。

明も、その点に関し、何度か康生に注意を促してきた。

休み方を知らない康生が、不安を払拭すべく練習に取り組めば、疲れはたまり、オーバーワークに陥ることは分かり切っていることであろう。

なぜ、誰も、康生の「異変」に気付いてあげることができなかったのだろうか。

シドニーオリンピックを康生は、オール一本勝ちで勝ち上がった
(写真：著者)

アテネオリンピックでの不完全な内股
釣り手となる右手がはずれ、体勢が崩れてしまっている
（写真：共同通信社）

終章

井上康生はなぜ負けたのか

明・康生親子にとって、アテネの地とは0（ゼロ）からのスタートの地でもある

康生の敗因

2004年、近代オリンピックは、108年ぶりに原点であるアテネへと戻った。

記念すべきこのオリンピックで、井上康生は負けた。

井上康生は、混乱していた。

プレッシャー、膝や指の怪我、オーバーワーク、柔道の乱れ。

その一つひとつどれもが康生を混乱させた要因、即ち敗因として考えることができる。

父・井上明は、今年に入ってから康生が自分の柔道ができていないことから、それが康生の中で不安となっていたのかもしれないと語っている。

シドニーオリンピックの際の担当コーチであった高野裕光は、康生に燃えるものがなく、オーバーワークに陥ってしまったと語っている。

きっと、明や高野の指摘は正しい。

しかし、その指摘は、敗北を受けて振り返ってはじめて見つけることができた敗因である。つまり、彼らに限らず誰もが井上康生の「異変」に気付いてあげることができないまま、試合当日を迎えたのである。もちろん、彼らを責めているのではない。康生は、誰にも悟られないように、自らの「異変」と戦っていたのである。

敗戦の直後、明も、私も、「なぜたった一日で康生は変わってしまったのか」と感じていた。6、7月の合宿を経て、延岡合宿、前日練習までは誰の目にも万全に見えたからである。試合の合間にトレーナーの池田高士から「康生が前日にほとんど寝ていない」という衝撃の事実を聞かされたこともそう思わせる理由の一つであった。

しかし、その間、康生自身は苦しみ続けていたのである。

今回、康生はアテネにのぞむにあたって、しきりに「原点に戻る」ことを目指していた。しかし、これも、おそらく不安から生じた「焦り」ゆえの行動であったのではないだろうか。もちろん、これも敗北を受けて振り返ったからこそ考えられることである。

1999年のバーミンガム世界選手権や2000年のシドニーオリンピックでは、「母のために」という思いと、初戴冠へのあくなき欲求があった。そして、この時の彼の柔道には、ひたむきさ、がむしゃらさがあり、それこそが自身の勝利を導いたものであると彼は感じていたのであろう。

しかし、今の自分には、そのひたむきさやがむしゃらさがあるのだろうか、そのことを自問した時に彼は自信のある答えを出すことはできなかったのではないだろうか。

怪我がもとで技術的な面で自身の柔道が確認できないという不安感。

そして、常に勝ち続け、勝つことが当然となりすぎたことによる「勝利へのひたむき・がむしゃらさ」を失っていることに対する精神的な不安感。

この心技体いずれにもおける不安感がアテネという大舞台を前にした康生を強烈に襲ったのであろう。

アテネに臨むにあたって、「金メダルを獲る」と公言する裏に、自分をとことん追い込むことで、康生は不安と必死に戦っていたと、推測する。

そもそものような不安を生じさせた原因としては、3月に起こした左膝の怪我の存在が大きいだろう。

しかし、その膝はアテネ直前には快方へと向かっていった。だが、迫り来るオリンピックに向けて自信を取り戻すには、あまりにも時間が足りなかった。その回復できずにいた自信を補うために、福岡合宿で嘔吐しながら、そして全身を痙攣させながら練習を行ったり、アテネの試合前日に1時間半も練習を行ったりして、自分を追い込む康生がいたのだ。

康生が敗者復活戦で着た白の柔道着には、日の丸が付いてなかった。

康生は、選手村に白の柔道着を置いてきたという。

それは忘れてきたわけではなく、この日勝ち続ければ、全ての試合を青の柔道着で戦うことになっていたのである。金メダルしかないと考える康生にとって、白の柔道着はこの日、必要のないものだった。

これを「奢り」とみる人もいる。

しかし、私は、試合を控えてぬぐいきれない不安を、あえて自らを窮地に立たせることによってうち消そうとしたと思うのである。試合当日に、である。

井上康生は、自らが抱えていた不安を誰にも明かさぬまま、そして自らの柔道に自信を持てぬまま、アテネへと入ったと考えるのである。

康生は、独りで戦おうとしすぎてしまった。

康生は、独りで全てを抱え込んでしまった。

私は、あえてそれを康生の敗因としたい。

歴史に名を刻む、日本選手団主将

言うまでもなく、戦う者にとって、勝利は栄光、敗北は残酷なる試練である。

お家芸・柔道の選手にしてみれば、唯一与えられる栄光は、金メダルを獲得した時のみである。加えて康生は、日本柔道を背負って立つ存在であり、今回は日本選手団の主将でもあった。

だからこそ、負けた時の振り幅は大きい。しかも、シドニーオリンピックではその栄光を勝ち取ることのできた康生である。

思えば、井上康生ほど、順風満帆な柔道人生を歩んできた柔道家を、私は知らない。小・中学校で全国優勝を果たし、東海大相模高校、東海大学へとエリート街道をすすみ、日本のトップに立ってからは、アジア、世界へとステップアップし、世界選手権を三度、オリンピックを一度、制している。

そして、母の死、東海大学佐藤宣践総監督の奥様の死、康生の背負う悲しい運命が、アスリートとしての存在を際だたせてきた。

無論、〝小さな〟負けはいくつもあったが、ここぞという勝負において、これまでは必ず勝利してきた。

その、ここぞの勝負で、今回は負けた。

そういった意味では、井上康生にとって初めての敗北であった。

余談かもしれないが、過去のオリンピックを振り返って、日本選手団の主将として、はじめて歴史に名前が刻まれるアスリートが井上康生ではないだろうか。私は、これまでの大会の、主将をつとめたアスリートの名前を一人とてあげることができない。

旗手ならば、開会式で日の丸を掲げ、先頭に立って入場するため印象に残る。しかし、その一歩後方から行進してくる主将は、とりわけ印象に薄い。聞けば、これまでの主将は、自らの試合が終わると、他の選手団とともに帰国していたという。

負けた康生が、自らに定めた主将としての責を果たそうと、アテネに残り他競技の選手を応援する姿が印象に強く残った。女子レスリング72kg級の浜口京子も、準決勝で敗退した後、康生に励まされ、勇気づけられて銅メダルを獲得したという。

負けてなお、井上康生という存在をもって、長いオリンピックの歴史の中に、アテネオリンピック日本選手団主将としての名を刻んだのである。

やはり、明の言葉を借りるまでもなく、井上康生という柔道家は、超一流の柔道家であり、星の下に生まれた、選ばれし者なのである。

いわば、敗北から、再び栄光を手にする北京オリンピックに向けての第一歩は、このアテネオリンピックの主将としての責を全うすることだったのかもしれない。

そういった意味においては、北京へ向けて、階段を一段、康生は登ったと言えるだろう。

栄光は、守るものでなく、奪うもの

本書で繰り返し述べてきた、康生と明の師弟関係。

一般的に、明はスパルタ的な父親のイメージがあるかもしれない。

それは、5年前の体重別選手権の準決勝で一本負けをした直後、アスファルトの上に正座をさせて康生を怒鳴りつけたシーンや、昨年の全日本選手権で康生の顔を張って躍起にさせたシーンなどによってイメージづけられたものだろう。

確かに、康生が宮崎にいた時代は、スパルタな父親だったかもしれない。道場では先生としか呼ばせず、全てにおいて妥協を許さなかった。

しかし、明の厳しさには、必ず父として、息子に対して柔道だけではなく人間として立派な存在になってほしいという願いが伴う。

例えば、次男の智和と康生が初めて対戦した6年前の体重別選手権決勝。明はこの時に、康生が智和に対し、感謝の気持ちをどれだけ持ち合わせながら日本のトップに立っているかを見極めようとした。ここで、勝負に徹して、兄である智和に勝利し、ガッツポーズをするような姿を見せれば、試合場に乗り込むぐらいの気持ちでいた。康生に、智和に対しての感謝、遠慮、そして尊敬の心がなければ、人間・井上康生としては間違いだ、と。その試合は明の願った通りの試合となり、結果は智和の判定勝利であった。

もし単なるスパルタな父親、あるいは指導者であれば、たとえ親兄弟であろうと、勝負に徹しろというだろう。ここの違いが明の父としての本質である。

4年前、シドニーでは、前年に亡くなった母・かず子のために戦えと康生に伝えた。

今年、アテネでは、家族のために戦えと伝えた。

しかし、この敗北で、明は康生と同等の屈辱感を味わうことになった。

明が信じていた息子・康生も、やはり明と同じ人間であり、弱さがあった。自らを責め、康生との師弟関係に対して、疑問符を投げかけた。

しかし、敗北の直後から、明より先に長男の将明や次男の智和が、再び康生とともに北京を目指すことを心に決めてくれていた。康生も、日本選手を応援する中で明に手紙を書き、これまで以上の師であってほしいという願いを綴った。

そんな中で、明はこのアテネでの大きな敗北は、康生にとって柔道家としてだけでなく、人間として大きく成長をもたらせてくれるかもしれない、その意味では勝利以上に大きなものであるのかもしれないと考えるようになったのである。

また、明にとってアテネオリンピックは、今一度家族のつながりを痛切に実感し、そしてこれからも康生を家族一丸となって、支えて行かなければならないという思いが強くなったのである。

康生と明にとってアテネオリンピックとは何だったのか。

康生の敗北が、師弟の絆を深め、さらには家族の絆を深めた大会であった。それは康生が家族のために戦ってくれたからこそ得られた、唯一の財産であった。

次なる夢は北京オリンピックである。

栄光は、守るものでなく、やはり奪うものである。

アテネで、井上康生が負けた日から4年後、われわれの前には、明をはじめ家族によって支えられた、ひたむきでがむしゃらな柔道に取り組む康生が、北京で見られるに違いない。

（本文中敬称略）

あとがき

中学生の頃、同じ宮崎県に2歳下の彼はいた。「山下泰裕二世」と形容され、当時から既に将来のオリンピック金メダルを義務づけられたかのようだった。

思い返せば、もう15年も前のことになる。

私の柔道人生はすぐに終わったが、同じ宮崎県に、そして同時期に、井上康生という柔道家がいたことに、もしかすると私のスポーツライターとしての出発点があるのかもしれない。いや、きっとある。

そして11年後……。

シドニーオリンピックで優勝した日の夜、祝勝会場への道すがら、康生のお父上である明さんが私に向かって、

「君のような人のおかげもあって、康生は金メダルを獲れたんだ」

と言ってくれたことを思い出す。当時、私は駆け出しも駆け出しの身。それだけに、有り難く、申し訳なくも思った。

それから4年間、会場でお会いした時などに、

「明さんの言葉を原動力に頑張ってきました」

などと報告すれば、横にいる長男の将明さんは、

「あの時の親父は、誰にでもそんなことを言っていましたよ」

と笑う。

それでもいい。

シドニーの夜、漠然と、4年後のアテネオリンピックで、明さんへの恩返しとして本を作ると誓ったことが、この冬、現実となった。それが、私自身、とってても嬉しいのである。

とにかく、明さんにとって今回のアテネオリンピックは、辛い現実だっただろう。小さくなり、宮崎に帰ってからも2週間寝込んだという。

誰よりも、もしかすると康生本人よりも、金メダルを信じていたかもしれない明さんである。アテネで全てを失い、二人、大きな屈辱を味わうことになった。

しかし、帰国して二人は、改めて師弟の絆を結び、4年後の北京オリンピッ

クへ向けて「0《ゼロ》からのスタート」を誓ったのである。

明さんを、密着して取材した経験は、私の財産となった。4年前のシドニーの夜と同じように、再び4年後の夢を見ることの幸せを感じてもいる。

本書のための取材をする中で、明さんだけでなく、康生を支える人々に話を聞くと、母である和子さんの死が康生を独り立ちさせたと、誰もが言う。母親っ子であった康生は、母を愛し、頼り、精神的な支柱としていた。

奇しくも、康生が世界の舞台に立つ姿を見ることのないまま、旅だった和子さん。応援団が日の丸に書いた寄せ書きにあるように、「心の応援団長」として、今も天国から康生の戦いを見守っている。

アテネから数ヶ月。

新聞やテレビの報道で、康生の幸せなニュースが日本中に伝わった。

筆者のくだらない想像——亡き母の存在を、愛する彼女の中に見ているのだろう。

これまでも、これからも、康生は家族の絆を心の拠り所にして、4年後、北京で再び栄光を手にする日まで、戦うのである。

2004年11月

柳川悠二

井上康生が負けた日

2004年11月30日　初版 第1刷発行

著　者　柳川悠二
発行人　橋本雄一
発行所　株式会社体育とスポーツ出版社
〒101-0054 東京都千代田区神田錦町2-9 大新ビル
TEL　03-3291-0911
FAX　03-3293-7750
振替口座　00100-7-25587
http://www.taiiku-sports.co.jp
印刷所　図書印刷株式会社

落丁・乱丁本はお取り替えいたします。
ISBN 4-88458-251-9 C 0075
定価はカバーに表示してあります。